놀면서 배우는 세계 축제 ❷

놀면서 배우는 세계 축제 ❷

초판 1쇄 발행 2013년 8월 30일
개정 1쇄 발행 2016년 11월 15일
개정 3쇄 발행 2019년 12월 24일

글 유경숙 그림 송진욱

펴낸곳 도서출판 봄볕 펴낸이 권은수 편집 김경란 디자인 이하나 마케팅 성진숙
등록번호 제25100-2015-000031호 등록일 2015년 4월 23일
주소 서울특별시 서대문구 서소문로 37 1125호 (합동, 충정로대우디오빌)
전화 02-6375-1849 팩스 02-6499-1849
전자우편 springsunshine@naver.com 블로그 blog.naver.com/springsunshine
ISBN 979-11-86979-21-1 74380 / 979-11-86979-19-8 74380(세트)

ⓒ 유경숙 2013

이 도서의 국립중앙도서관 출판예정도서목록(CIP)은 서지정보유통지원시스템
홈페이지(http://seoji.nl.go.kr)와 국가자료공동목록시스템(http://www.nl.go.kr/kolisnet)에서
이용하실 수 있습니다. (CIP제어번호: CIP2016024482)

♪ 책값은 뒤표지에 있습니다.
♪ 봄볕은 올마이키즈와 함께 어린이를 후원합니다.

KC 제조자명 도서출판 봄볕 제조년월 2019년 12월 24일 품명 어린이책 제조국 대한민국 모델명 세계로한발짝 사용연령 8세 이상
주소 서울시 서대문구 서소문로 37 1125호(합동, 충정로대우디오빌) 전화 02-6375-1849 팩스 02-6499-1849
주의 종이에 베이거나 굵히지 않도록 조심하세요. 책 모서리가 날카로우니 던지거나 떨어뜨리지 마세요.

세계로 한발짝

놀면서 배우는
세계 축제 ②

글 유경숙 | 그림 송진욱

봄볕

다같이 가 볼까? 세계의 축제 속으로!

　요즘 우리 친구들은 열성 엄마의 손을 잡고 주말마다 체험 축제 찾아다니느라 바쁘겠지? 체험 학습을 했다는 증거로 도장도 받아야 할 테고. 우리 옆집 꼬맹이도 옥수수 따기 체험 축제에 갔다가 노랗게 익은 옥수수수염으로 먼지떨이를 만들어 왔더라고.

　그런 의미에서 오늘은 축제 이야기를 실컷 할 거야. 우리 주변에서 펼쳐지는 마을 축제들은 많이 봤으니까 어느 정도는 알고 있겠지? 그래서 이번에는 우리 꼬마 친구들이 깜짝 놀랄 만한 기상천외한 세계의 축제들을 소개하려고 해. 죽은 귀신을 위한 축제라든지, 베개를 거리로 가지고 나와 싸우는 베개 축제, 발 씻은 물을 마시는 축제 등등. 어때? 벌써부터 기대되지 않니? 우리나라 사람들은 워낙 점잖아서 전통 축제나 특산물 축제 등을 주로 열지만, 해외를 두루 돌아다니다 보면 기상천외하고 엉뚱한 괴짜들이나 좋아할 만한 축제들이 참 많아. 물론 점잖은 축제도 많지만, '도대체 저런 축제는 왜 만들었을까?', '저런 말도 안 되는 축제는 누가 만든 거지?' 하고 궁금해 할 만한 축제들도 있지.

　지금부터 이렇게 특이하고 흥미로운 세계의 축제 이야기를 하나하나씩 들려줄 참이야. 물론 공포 영화처럼 특이하고 생소한 축제만 소개하지는 않을 거야. 이름만 대면 알 만한 대표 축제들도 있지. 최소한 세계적으로 열 손가락에 꼽을 만한 축제에는 어떤 것들이 있는지 우리 친구들도 상식으로 알아야 하니까 말이야.

　최근 우리나라를 찾는 외국인 관광객이 1,000만 명을 웃돈다는 자료를 본 적이 있어. 반대로 우리나라 사람들도 공부나 일 또는 여행을 위해 해외로 많이 나가고 있지. 거기다 다문화 가족의 수도 급속도로 늘고 있어. 한마디로 전 세계가 이웃처럼 서로 가까워진 거야. 이럴 때 서로의 문화를 이해하려는 노력이 중요해. 서로의 문

화에 대해 마음을 열고 이해할 수 있어야만 갈등을 씻고 어울려 지낼 수 있으니까. 우리 마음은 꼭꼭 닫아건 채 우리 문화를 세계에 소개하고 받아들여 달라고 하면 어떻게 될까? 아마도 오해만 더 쌓이고, 벽만 더 높아질 거야. 다른 나라 사람들과 친구가 되어 서로 사이좋게 지내려면, 마음을 열고 그들의 풍습이나 문화에 다가가야 해.

다른 나라의 문화를 가장 빨리, 한눈에 경험하고 배울 수 있는 게 바로 축제야. 축제는 사람들이 한데 모여 즐기는 공동 의식이기 때문에 그 나라 사람들의 생활양식, 먹는 것, 입는 것, 놀이, 예술, 언어 등을 한눈에 접할 수 있는 절호의 기회야. 한 나라의 문화를 제대로 알려면 그 속에 들어가 오랫동안 함께 지내면 돼. 하지만 그러한 여건이 되지 못할 경우, 짧은 시간 안에 한 나라의 문화나 생활상을 엿볼 수 있는 가장 좋은 방법은 축제라고 할 수 있어.

예술 축제가 유달리 많은 나라도 있고, 스포츠 축제가 많은 나라도 있고, 특산물 축제가 많은 나라도 있어. 수백 년 동안 축제가 이어져 내려온 곳도 있고, 최근 갑작스레 축제가 많아진 곳도 있고, 아름다운 자연환경을 이용해 축제를 여는 곳도 있어. 저마다 다양하고 흥미로운 축제들이지만, 자세히 들여다보면 각 나라의 문화와 역사, 국민성 등을 파악할 수 있어. 축제 이야기와 더불어 간간이 각 나라의 문화와 역사도 이야기해 줄 참이야.

자, 그럼 지금부터 기상천외한 세계의 축제 속으로 다 함께 떠나 볼까?

2013년 8월
세계축제연구소 유경숙 소장

chapter 1 축제의 역사와 특징

축제라고 항상 즐겁게 놀기만 할까? 10

가장 짧은 축제, 가장 긴 축제 15

오늘날 축제는 어떤 역할을 할까? 19

축제는 누가 만들고 준비하지? 25

chapter 2 열 손가락 안에 꼽는 세계의 축제

축제 기간 내내 맥주만 마신다고?
독일 옥토버 페스트 34

전 세계의 공연이 한자리에 모이다니!
영국 에든버러 프린지 축제 40

아비뇽 축제에는 아비뇽 사람들이 없다?
프랑스 아비뇽 축제 49

전통 축제의 자존심을 지켜라!
벨기에 뱅슈 축제 57

으깨고, 던지고, 터뜨리는 토마토 전쟁!
스페인 토마토 축제 64

얼음과 오색등이 환상적인 겨울 축제를 만나자!
중국 하얼빈 빙등제 72

새해맞이 물 싸움 축제라고?
태국 송끄란 축제 81

고대 원형 경기장에서 오페라 공연을 즐기자!
이탈리아 베로나 축제 89

소몰이 축제야? 사람몰이 축제야?
스페인 산페르민 축제 97
영하 20도 추위에 목욕하는 괴짜들이 있다고?
캐나다 퀘벡 겨울 축제 105

chapter 3 기상천외한 세계의 축제

다양하고 놀라운 동물 축제 114
인도 푸쉬카르 낙타 축제
베트남 코끼리 달리기 축제
벨기에 고양이 축제

용감무쌍한 전쟁놀이 축제 130
노르웨이 바이킹 축제
필리핀 디낙양 축제
러시아 마슬레니차 축제
세계 베개 싸움 축제

포복절도 엽기 축제 150
말레이시아 타이푸삼 축제
미국 로스웰 외계인 축제
영국 터프가이 축제

chapter 1

축제의 역사와 특징

축제라고 항상 즐겁게 놀기만 할까?

축제에 가면 재미있는 볼거리도 많고 맛있는 먹을거리도 푸짐해요. 이웃과 흥겹게 축제를 즐기면서 친해질 수 있는 기회이기도 하지요. 어디 그뿐인가요? 축제를 열면 전국 방방곡곡, 세계 곳곳에서 소식을 듣고 사람들이 찾아오니 다른 지역, 다른 나라 사람들과 사귈 수도 있지요.

축제의 주제에 따라 다르긴 하지만 축제가 열리면 노래, 연주, 마임, 마술 등 거리 공연을 하는 예술가들도 한데 모여요. 자주 접할 수 없는 좋은 공연들을 한자리에서 볼 수 있는 거지요.

축제라고 해서 항상 즐겁게 놀기만 한다고 생각하지는 마세요. 축제의 유래를 보면 오랜 옛날 질병이나 가뭄, 홍수 같은 자연재해를 막아 달라고 하늘에 제사를 지내던 의식에서 시작되었어요. 그런데 오늘날에는 제사 의식의 일부였던 노래와 춤이 축제의 주된 행사로 발전한 경우가 많아서 모든 축제가 노래와 춤이 있고 흥겨울 것이라고만 여기는 것 같아요.

세계 곳곳에서 펼쳐지는 다양한 축제들을 살펴보면 모두가 밝고 경쾌하고 즐겁지만은 않아요. 말레이시아의 수도 쿠알라룸푸르에서 열리는 타이푸삼 축제는 보기만 해도 비명이 절로 나오는 축제예요. 1,000여 명에 이르는 힌두교 신자들이 온몸에 굵은 낚싯바늘이나 쇠로 만든 고리, 핀 등을 찌른 채 행진을 하거든요.

남아메리카에 있는 멕시코에서는 1년에 한 번씩 '죽은 자의 날 축제'가 열려요. 이 축제에는 엄숙한 제사의 형태가 그대로 남아 있어요. 말 그대로 죽은 영혼을 위한 축제이기 때문이지요.

싱가포르에 가면 배고픈 귀신들을 위해 음식을 준비하고 잔치를 베푸는 '걸신 축제'도 있어요. 굶주린 귀신들에게 맛있는 음식을 주고 잘 달래서 무사히 천당으로 갈 수 있게 도와주는 것이지요.

음침한 곳에서 열리는 축제도 있어요. 이탈리아의 볼테라에서 매년 여름에 열리는 '볼테라 연극 축제'예요. 이 축제의 연극 무대는 신기하게도 감옥이에요. 연극배우들은 죄를 짓고 감옥에서 수감 중인 죄수들이고요. 죄수들이 감옥에 수감되어 있는 동안 공부도 하고 운동도 하고 여러 가지 자격증도 취득한다는 이야기는 들어 본 적 있는데, 연극을 한다는 것은 금시초문이죠? 볼테르 감옥에 수감 중인 죄수들은 사회에 나갔을 때 더 건강한 마음으로 성실하게 살 수 있도록 연극을 한다고 해요.

새로운 삶을 살기 위해 열심히 준비하고 연습한 공연을 매년 축제를 열어 연극 무대에 올리는 것이랍니다. 이때는 일반 시민들이 감옥을 방문해 연극을 관람해요. 감옥이란 곳이 썩 유쾌한 곳은 아니지만 죄수들에게 새 삶을 꿈꾸게 하고, 희망을 준다는 좋은 의미가 있기에 이날만큼은 연극배우도, 관객도 얼굴 표정이 매우 밝답니다. 그래서 볼테라 연극 축제가 더 특별한 것이지요.

휴양지로 유명한 푸껫에서는 매년 9월 매우 고통스럽고 끔찍한 축제가 열려요. 축제 이름은 '채식주의자 축제'예요. 이 축제는 1825년 말라리아를 막아 준 조상신에게 감사하기 위해 열기 시작했는데, 축제 기간 동안 사람들은 흰 옷을 입고 고기를 먹지 않아요.

채식주의자 축제는 이름이나 유래를 보면 매우 평범한 듯하지만, 상상도 못할 고통이 따르는 축제로 유명해요. 바로 축제 참가자들이 악귀를 물리치기 위해 기이한 의식을 치르기 때문이지요. 참가자들은 명상으로 무아지경에 빠진 상태에서 뜨겁게 달궈진 자갈 위를 걷거나 날이 퍼렇게 선 사다리를 타고 올라가요. 그리고 뾰족한 송곳이나 우산대, 안테나 등으로 얼굴을 꿰뚫

는 의식을 치르지요. 얼굴에 커다란 구멍을 낸다니, 얼마나 고통스러울지 생각해 보세요.

실컷 비명을 지르는 축제, 하루 종일 우는 축제, 마구마구 깨부수는 축제, 화를 버럭버럭 내는 축제 등 신기한 축제들이 정말 많아요. 스트레스를 푸는 축제도 있고, 누군가의 슬픔이나 고민을 풀어 주는 축제도 있고, 아픔을 서로 나누는 축제도 있어요. 그러니 축제에 가면 사람들이 왜 웃고, 왜 우는지, 무엇 때문에 박수를 치고 발을 구르는지 그 의미들을 한 번쯤 생각해 보세요. 축제를 더 뜻깊게 즐길 수 있을 테니까요.

● 말라리아 | 말라리아 모기에 물려서 감염되는 전염병. 고열이 나고 설사·구토·발작을 일으키는 무서운 병이다.

가장 짧은 축제, 가장 긴 축제

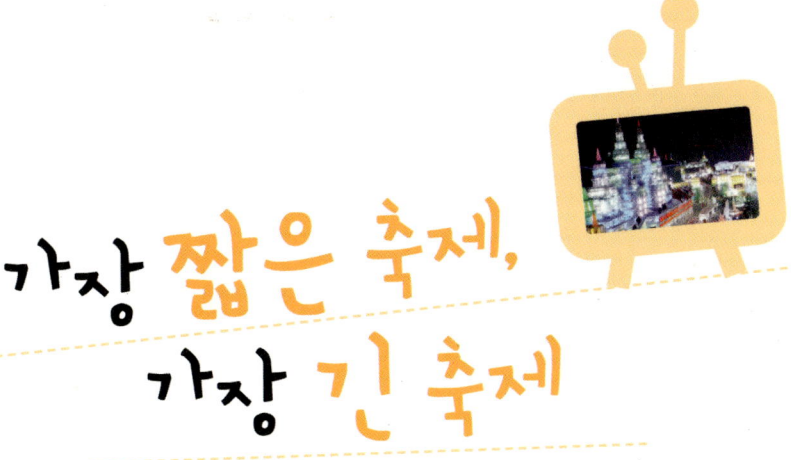

"와, 베를린은 1년 내내 축제를 한다는데 정말일까?"

독일의 수도 베를린에서는 1년 내내 다채로운 축제들이 펼쳐져요. 1년 중 아무 때나 베를린에 가더라도 흥겨운 축제를 구경할 수 있지요. 여행객들도 유럽 여행을 가면 여러 가지 축제와 볼거리가 많은 베를린을 빠뜨리지 않고 꼭 들르는 편이에요. 베를린 시에서도 멋지고 화려한 축제를 끊임없이 열어 언제든 방문하고 싶게 만들지요.

대개 축제라고 하면 하루나 이틀, 길어야 일주일 정도 열리는 게 보통인데, 베를린에서는 어떻게 1년 내내 쉬지 않고 축제가 열릴까요? 1년 내내 축제를 열어 놀기만 하면 일하고 공부할 시간은 있을까요?

하지만 걱정할 건 없어요. 축제를 하면서 배우는 것 또한 학교에서 배우는 것 못지않게 중요하니까요.

축제는 경제적으로도 중요한 상품이라 할 수 있어요. 요즘은 나라마다, 도시마다 축제를 관광 상품으로 만들어 더 많은 관광객을 불러 모으기 위해 노력하고 있어요. 축제가 나라 경제와 지역 경제에 보탬이 되기 때문이지요. 축제를 성공적으로 개최하기 위해 시민들이 한마음 한뜻으로 화합하는 훈훈한 모습도 볼 수 있어요.

남아메리카 지도를 펴면 긴 아마존 강이 가로지르는 큰 나라가 보일 거예요. 바로 브라질이에요. 브라질의 가장 큰 상업 도시 상파울루에서는 1년에 한 번씩 '상파울루 축제'가 열려요.

이 축제는 오후 6시부터 다음 날 오후 6시까지 딱 24시간 동안만 열려요. 딱 24시간뿐이니 밤을 새는 건 기본이에요. 성격이 시원시원하고 잘 노는 남아메리카 사람들의 특성에 맞게 하룻밤을 꼴딱 새면서 화끈하게 즐기는 거예요. 뜨거운 햇살이 사라지고 선선한 저녁 바람이 불 무렵부터 하나둘씩 사람들이 모이고, 곧 온 도시가 떠들썩한 축제장으로 변해요. 축제는 밤새도록 요란하게 이어져요. 사람들은 다음 날 대낮까지 실컷 놀다가 오후가 되면 언제 그랬냐는 듯이 일상으로 돌아간답니다.

반면 독일 남부의 국경 근처에 가면 오버

람머가우라는 작은 마을이 있어요. 이 작은 마을에서도 축제가 열려요. 하지만 매년 열리지는 않고 10년에 한 번씩만 열려요. 축제를 자주 열기에는 비용이나 시간이 부담되기 때문에 10년에 한 번씩만 열기

로 정했다고 해요.

축제에는 온 마을 사람들이 다 참가해요. 마을에서 키우는 오리, 당나귀, 염소, 양과 같은 가축들까지 총출동하지요. 아주아주 특별한 연극 공연을 하거든요. 예를 들어 나이 든 할아버지는 조명 담당, 힘센 목수는 무대 담당, 예쁜 이웃집 누나는 공주 역할, 귀여운 어린이들은 쪼르르 내달리는 생쥐 떼 역할을 맡아요. 그야말로 온 마을 사람들이 화합하여 선보이는 축제랍니다.

10년에 한 번뿐인 축제인 데다 온 마을 사람들이 정성껏 준비한 연극 덕분에 입소문도 많이 났어요. 축제에 올리는 연극을 보려면 몇 년 전부터 예매를 해야 할 정도니까요.

유럽의 축제들은 사람들이 기억하기 쉽게 축제일을 잡아요. 예를 들면 벨기에의 '오메강 축제'는 매년 7월 첫째 주 월요일에 시작해요. 영국 '노팅힐 축제'도 매년 8월 마지막 주 주말에 펼쳐지고요. 이런 식으로 축제 기간을 정해 두면 훨씬 쉽게 기억할 수 있어요. 프랑스에서 열리는 '판토마임 축제'도 매년 8월 첫째 주 월요일부터 토요일까지 딱 6일간만 열려요. 일요일은 왜 빼느냐고요? 6일 동안 신나게 축제를 즐겼으니 일요일 하루쯤은 쉬어야 월요일에 일도 하고 공부도 할 수 있잖아요. 축제를 흥겹게 즐기는 것도 좋지만 원래의 일상생활로 돌아가 성실하게 사는 것도 중요해요. 그래야 다음에 돌아올 축제가 더 의미 있으니까요.

오늘날 축제는 어떤 역할을 할까?

신문이나 텔레비전을 보면 우리나라에서도 각 고장의 축제를 알리는 뉴스가 부쩍 많아졌어요. 매년 우리나라에서 열리는 축제가 몇 개쯤 될까요? 해마다 그 수가 조금씩 늘어났다 줄어들었다 하지만 대략 1,500~2,000개쯤은 된다고 해요. 서울에서 열리는 축제만 해도 한 달에 80개가 넘을 정도랍니다.

최근 들어 축제가 이렇게 많이 열리는 것은 축제가 가진 여러 가지 긍정적인 기능 덕분이에요. 먼저 축제를 통해서 성별, 연령, 민족, 종교, 이념 등의 차이를 이해하고 갈등을 해소할 수 있어요. 예를 들어 서울에서 열리는 큰 연극 축제에 우리 반 친구들이 참가하여 공연을 펼친다고 생각해 보세요. 같이 공연을 준비하는 반 친구들, 선생님, 다른 참가자들과도 마음을 열고 소통할 수 있는 기회가 될 거예요.

이뿐인가요? 축제는 표현의 장이기도 해요. 일상생활 속에서 억압된 우리의 감정과 욕구를 표출시킨다는 점에서 축제의 가치가 있어요. 축제에서 웃고 즐기면서 스트레스와 쌓인 감정을 풀 수 있지요.

축제가 새로운 예술 공간을 마련할 수도 있어요. 전문 예술가들은 보다 많은 사람 앞에서 자신들의 재주를 선보일 수 있지요. 일반인들도 여러 가지 예술 축제에 참가함으로써 예술적인 교감을 나눈답니다. 예술 축제가 널리 알려지면 고장의 품격을 높일 수도 있어요. 부정적이거나 폐쇄적인 고장의 이미지를 긍정적으로 바꿈으로써 고장에 대한 긍지를 키울 수 있지요.

축제를 통해 신뢰를 키우고 조화의 중요성을 배우기도 해요. 같은 지역에 살면서도 한자리에 만나기 어려운 사람들이 모여서 공통의 관심사를 놓고 이야기를 나누고 여러 가지 작업을 하다 보면 한가족이 된 듯한 느낌이 들잖아요. 서로 신뢰도 키우고 조화롭게 지내는 법을 배우는 것이지요. 또 한 가지, 축제를 열거나 참가함으로써 우리의 정신세계가 더욱 건강해질 수 있어요. 사랑, 신뢰, 자유, 자긍심, 자발성, 배려, 용서, 화해, 존엄성의 가치들을 다시금 새기고 배울 수 있으니까요.

국가나 도시, 고장의 가치를 높일 수 있는 역할도 있어요. 예를 들어 프랑스에서 아비뇽 축제를 열면 전 세계에서 많은 사람이 방문하잖아요. 이로써 프랑스는 예술을 사랑하는 나라로 널리 이름을 알리게 됨으로써 그 가치를 높일 수 있지요.

나라뿐만 아니라 작은 도시의 경우도 비슷해요. 미국 하면 뉴욕, 워싱턴이 유명하고, 프랑스 하면 파리, 영국 하면 런던, 이렇게 각 나라를 대표하는 유명한 도시들이 있지요. 하지만 이름을 들어도 '어느 나라에 있지?' 하고 고개를 갸웃거리게 하는 이름 없는 도시도 많아요. 그런 작은 도시라 해도 축제를 통해 지역의 독특한 문화나 특산물을 널리 알린다면 지구 반대쪽에 있는 사람들도 그 이름을 알 수 있을 거예요.

영국 스코틀랜드의 에든버러나 프랑스의 아비뇽은 축제를 만들어서 더 유명해진 대표적인 도시들이에요.

에든버러에서는 어린이 축제, 과학 축제, 범선 축제 등 1년 내내 축제가 끊이지 않으며, 8월에는 축제의 절정을 이루어요. 연극·무용·오페라·전시회·오케스트라·퍼포먼스·거리 공연 등 다양한 장르의 공연과 전시가 개최되지요.

아비뇽도 마찬가지예요. 프로방스 지방의 유서 깊은 역사 도시 아비뇽에서는 매년 7월 세계적인 연극 축제인 '아비뇽 축제'를 개최해요. 옛날 중세 시대에 가톨릭 교황들이 살았던 옛 교황청 궁전 마당이 거대한 야외무대로 변신하지요. 이때는 세계 각국에서 수십만 명의 인파가 모여든답니다. 이처럼 축제를 통해 도시의 위상을 드높일 수 있어요.

　최근 우리나라에서도 지역마다 아름다운 자연과 문화를 소재로 하여 새로운 축제가 많이 등장하고 있어요. 축제를 성공적으로 개최하기는 쉬운 일이 아니에요. 하지만 다른 나라, 다른 고장의 성공적인 사례를 적극적으로 받아들이고 고장만의 특성이 잘 나타나도록 정성껏 준비한다면 소문을 듣고 많은 사람이 찾게 되지요.

　축제를 만드는 중요한 이유가 또 있어요. 바로 예부터 전해 내려오는 아름다운 전통 문화와 역사를 널리 알리고, 대대손손 이어 가기 위해서예요. 이러한 축제의 장이 열린다면 어린이들에게는 더 많은 공부가 될 거예요. 전통 놀이도 즐기고 전통 음식도 먹어 보면서 우리 문화의 멋과 정, 뜻을 온몸으로 체험하는 것이지요.

"우리 조상들이 이렇게 깊은 뜻이 담긴 전통 놀이를 즐겼구나! 피자나 햄버거만 맛있는 줄 알았는데 우리 음식이 더 맛있구나!"

이런 경험을 하게 되면 우리 문화에 대한 소중함을 느끼고, 장차 어른이 되었을 때도 후손들에게 "에헴! 우리 것이 좋은 것이여!" 하면서 전해 줄 수 있을 거예요.

실제로 지구상의 모든 나라에서 자신들의 문화와 놀이를 한데 모아 경쟁적으로 축제를 만들고 있어요. 물론 경쟁이 지나쳐서 성의 없고 비슷비슷한 축제가 너무 많아져도 문제겠지요? 하지만 알차게 준비한 좋은 축제는 사람들의 사랑을 많이 받고 끊이지 않고 오래도록 이어질 거예요.

우리 친구들도 '우리 고장, 우리 마을에서는 어떤 축제를 만들면 좋을까?' 하고 이참에 생각해 보세요. 꼭 직접 축제를 만들지는 않아도 돼요. 여러분이 장차 커서 축제를 만드는 사람이 되든, 축제에 참가하는 사람이 되든, 즐길 수만 있다면 누구나 축제의 진짜 주인공이 될 테니까요.

축제는 누가 만들고 준비하지?

축제 선생님,

저는 중국에 사는 밍밍이라고 해요. 한국 이름은 김은영인데, 어릴 때 중국으로 와서 한국말은 잘 못해요.

얼마 전에 책을 읽다가 축제를 만드는 직업이 있다는 것을 알게 됐어요. 우리 마을에도 수염 할아버지와 지팡이를 든 할머니, 이장 아저씨, 동네 아줌마, 언니, 오빠들이 힘을 합쳐서 만드는 작은 축제가 있어요. 하지만 저는 꼬맹이라서 어떻게 도와야 할지 모르겠어요.

그런데 축제를 전문적으로 만드는 직업이 있다는 걸 알고 정말 기뻤답니다. 제가 꼭 하고 싶은 일이거든요.

> 저는 중국 내륙 지방에 있는 작은 도시에 살아서 뮤지컬 공연을 한 번도 본 적이 없어요. 축제를 만드는 사람이 되면 작은 시골 마을에 사는 친구들도 뮤지컬 공연을 보게 하고 싶어요. 다른 재미있는 볼거리들도 모아 축제를 더 흥이 나게 만들어도 좋겠지요? 다른 축제도 생각해 놓은 게 많아요. 어떤 축제를 만들까 오랫동안 상상한 적도 많아요. 그럴 때면 설레기까지 해요.
>
> 축제 선생님! 저도 이다음에 크면 꼭 축제를 만드는 사람이 되고 싶어요. 어떻게 하면 제 꿈을 이룰 수 있을까요?
>
> 축제 선생님이 꼭 가르쳐 주세요!
>
> 밍밍 올림

지난해에 중국에 사는 한 소녀가 축제를 직접 만들고 싶다며 한국으로 보내온 편지예요. 편지만 읽어 봐도 정말 야무지고 당찬 소녀 같죠? 밍밍은 지금도 축제 박사가 되기 위해 이런저런 자료도 찾아보고 이웃 마을에서 열리는 축제까지 빠짐없이 찾아다닌대요.

밍밍에게 편지를 받고 어떤 답장을 해 줄까 오랫동안 고민했어요. 축제 박사까지는 아니더라도 축제를 만드는 사람이 어떤 일을 하는지는 알려 주고 싶었어요.

축제를 만드는 사람을 '축제 기획자'라고 해요. 훌륭한 축제 기획자가 되기 위해서는 우선 세계 곳곳에 있는 다양한 볼거리를 많이 보고 경험해야 해요.

　세계를 두루두루 돌아다녀야 하냐고요? 그러면 가장 좋겠지만 그게 어렵다면, 연극·콘서트·무용 같은 예술 공연, 미술·역사·음악·애니메이션·영화·게임 등의 문화 예술 분야를 다양하게 보고 경험하는 게 큰 도움이 될 거예요. 그래야만 나중에 축제 기획자가 되었을 때, 어떤 소재를 가지고 사람들이 좋아할 만한 축제를 만들지 소신껏 결정할 수 있으니까요.

　예를 들면 사람들은 짱구나 둘리 같은 귀여운 만화 캐릭터를 좋아

하는데, 이를 생각하지 않고 기획자 혼자만 좋아하는 무시무시한 악당이나 괴물 캐릭터를 소재로 어린이 축제를 만든다면 어떻겠어요? 당연히 축제를 즐기러 찾아오는 사람이 거의 없겠죠? 다시 말해서 축제 기획자는 사람들이 좋아할 만한 소재를 잘 아는 것이 가장 중요해요. 트렌드, 즉 유행을 읽을 수 있어야 해요. 물론 금방 시들해지거나 몇몇 사람만 좋아하고 관심 가지는 유행보다는 많은 사람들이 오래오래 좋아할 만한 소재여야 할 거예요.

축제 기획자가 되기 위해 갖추어야 할 두 번째 요건은 뭔가를 새롭게 구상하고 만들 줄 아는 기획력이에요.

학교에서 운동회를 할 때나 단체로 소풍을 갈 때 학급 회의를 열어서 재미있는 아이디어를 서로 나눈 기억이 있을 거예요.

"얘들아! 이번 봄 소풍 때는 싸이의 말춤 경연 대회를 해 보면 어떨까?"

"선생님! 마라톤은 그리스와 페르시아의 전쟁에서 유래했대요. 이번 운동회 때 우리 반 모두 그리스 병사 복장을 하고 마라톤 대회를 하면 어떨까요?"

다 함께 즐거운 시간을 보내기 위해서 아이디어를 잘 짜내고 새로운 놀이나 프로그램을 만드는 친구들이 있지요? 그런 게 바로 기획력이고 창의력이라고 할 수 있어요.

축제 기획자에게는 이런 아이디어가 필요해요. 사람들이 무엇을 필요로 하는지 잘 살폈다가 축제 소재로 사용하는 것이지요. 더 흥겨운 축제가 되도록 살을 붙이고 깎는 작업도 해야 해요. 하지만 만만하게 생각하면 안 돼요. 실제로 해 보면 무척 고단하고 머리가 아프거든요.

그런데 왜 축제 기획을 하느냐고요? 일단 우리 문화에 대한 큰 자부심이 있고, 두 번째로는 사람들이 축제를 통해 행복해 하는 모습을 상상하면 날마다 새로운 힘이 나거든요.

훌륭한 축제 기획자가 되기 위해 반드시 갖추어야만 하는 필수 요건이 한 가지 더 있어요. 그건 바로 사람들을 진심으로 사랑하는 마음이에요. 사람들을 사랑하는 마음을 가지고 있다면 사람들이 진정으로

원하는 것이 무엇인지 알 수 있게 되고, 보다 좋은 축제를 만들 수 있거든요.

그런데 축제에 오는 사람들 모두가 우리 어린이들처럼 착하고 예쁜 마음을 갖고 있는 건 아니에요. 어떤 사람들은 마구 쓰레기를 버리기도 하고, 어떤 사람들은 질서를 전혀 지키지 않아 혼란을 일으키기도 해요. 또 어떤 사람들은 축제에 오는 관광객들을 상대로 물건을 팔 때 바가지를 씌우기도 해요.

막상 축제를 열면 잠시도 쉴 틈을 주지 않고 끊임없이 이런 사건들이 발생해요. 따라서 꼼꼼한 축제 기획자들은 축제를 처음 기획할 때부터 이런 문제들을 어떻게 최소화할 수 있을지 고민해요. 심지어는 쓰레기통 놓는 위치까지도 계산해야 하지요. 그리고 다른 사람들이 축제를 즐기는 순간에도 무슨 문제가 없는지 하루 종일 뛰어다녀야 해요.

그럼에도 축제 기획자들이 현장에서 열심히 일하는 것은 축제 속에서 많은 사람이 함께 웃고 어울리는 모습을 좋아하기 때문이에요. 만약 진심으로 사람들을 좋아하는 마음과 모두가 행복해지기를 바라는 마음이 없다면 조금만 힘들어도 도망치고 말 거예요.

축제 기획자가 갖추어야 할 마음이나 자세를 바로 알고, 어릴 때부터 다양한 문화를 꾸준히 접한다면 밍밍은 물론 우리 어린이들도 장차 세계적인 축제를 만드는 멋진 축제 기획자가 될 수 있을 거예요.

chapter 2

열 손가락 안에 꼽는
세계의 축제

축제 기간 내내 맥주만 마신다고?
독일 옥토버 페스트

　매년 가을 독일 뮌헨에서 펼쳐지는 세계 맥주 축제는 나이가 자그마치 200살이나 된 유서 깊은 축제예요. 공식 명칭은 10월의 축제라는 뜻의 '옥토버 페스트'이지요. 보통 10월이면 날씨가 이미 겨울로 치닫기 때문에 축제는 매년 9월 셋째 주 토요일부터 10월 첫째 주 일요일까지 16~18일 정도 열린답니다.
　뮌헨은 독일 남부의 최대 도시이며 교통과 문화 예술의 중심지로도 잘 알려진 곳이에요. 옥토버 페스트가 열리면 관광객들만 700만여 명이 뮌헨을 방문한다고 해요. 정말 어마어마하죠? 뮌헨의 인구가 대략 140만 명이라고 하니, 축제가 열리면 시민보다 5배나 많은 관광객이 뮌헨에 오는 거예요.

옥토버 페스트는 지금으로부터 200년쯤 전인 1810년 10월 12일에 바이에른의 황태자 루드비히와 작센의 공주 테레사의 결혼식을 축하하는 행사에서 비롯되었어요. 옛날 유럽의 영주들은 영토를 지키고 이웃 영주들과 평화 동맹을 맺기 위해 자식들을 결혼시켜 사돈을 맺었어요. 루드비히 황태자와 테레사 공주의 결혼식

옥토버 페스트에서 인기 짱인 돼지 허벅지 요리

어마어마한 크기의 맥주잔

이 성사되자 이를 축하하기 위해 5일간 음악제를 곁들여 성대한 잔치를 열었다고 해요.

축하 잔치는 해마다 거듭되었고, 수십 년이 지난 뒤부터는 공주의 이름을 따서 만든 테레지엔비제 광장에 거대한 텐트를 치고 다 함께 맥주를 마시며 축제를 열었어요.

이 축제가 200여 년 동안 이어져 내려오면서 오늘날 세계 3대 축

제 중 하나인 옥토버 페스트로 자리 잡았답니다.

　　세계 제일의 맥주 축제라는 명성에 걸맞게 옥토버 페스트에서는 첫날 뮌헨 시장이 맥주 통의 꼭지를 따는 것을 시작으로 16일 동안 750만 리터의 맥주가 소비된다고 해요.

술을 제조하는 양조사들도 이날은 매우 분주해요. 새로 나온 맥주들도 선보이고, 주문도 받아야 하니까요. 시내 곳곳에서 맥주 빨리 마시기, 맥주 많이 마시기와 같은 다양한 이벤트도 펼쳐져요. 축제 기간 동안 벌어들이는 수익만 하더라도 1,700억 원에 이른다니 정말 놀랍지 않나요?

옥토버 페스트에는 어린이를 위한 특별한 맥주도 있어요. 어린이들이 술을 마셔도 되냐고요? 사실 이름만 맥주이지 알코올이 들어 있지 않으니 괜찮아요. 설마 어린이들에게 해로운 술을 팔겠어요?

옥토버 페스트에서 파는 어린이 맥주는 알코올 성분 대신 과일과 곡류, 탄산을 잘 조합해 만든 것이에요. 어린이까지 생각하는 마음 넓은 어른들이 어린이들을 위해 새로운 맥주를 개발한 것이지요. 어때요? 지금 당장이라도 옥토버 페스트에 달려가서 맛보고 싶지 않나요?

독일의 맥주가 세계적인 명성을 얻게 된 것도 옥토버 페스트 덕분이에요. 어른들에게 한번 물어보세요. 어느 나라 맥주가 가장 유명한지 말이에요. 아마 대부분이 독일 맥주를 첫 번째로 꼽을 거예요.

옥토버 페스트 기간에는 테레지엔비제 광장을 중심으로 인근 골목까지 축제와 열기로 뜨겁게 달아오르는데, 특히 테레지엔비제 광장에 있는 대형 텐트에 볼거리가 가장 많아요. 총 14~20여 개의 텐트가 설치되는데, 텐트 하나가 웬만한 건물보다 크답니다. 가장 큰 텐트에는 9,000명까지 들어갈 수 있다니 놀랍죠?

　술을 좋아하는 사람이라면 누구나 옥토버 페스트에 한 번쯤 가 보고 싶을 거예요. 잔소리도 듣지 않고 축제 내내 마음껏 먹고 마실 수 있으니까요. 그러다 보니 축제 끝자락에 가서는 이맛살을 찌푸리게 되는 광경도 있어요. 술을 지나치게 많이 마시는 어른들 때문이에요.

　술은 적당히 즐길 만큼만 마셔야 하는데, 몸을 주체할 수 없을 만큼 마시고는 길거리에 쓰러져 자거나 싸우거나 추태를 부리는 사람들이 있어요. 독일 사람들은 술에 취해 추태를 부리는 사람들을 '맥주 시

독일 전통 의상을 입은 인형 퍼레이드

체'라고 불러요. 마지막에 가서 시체처럼 널브러져 아무 데서나 잠들어 버리니까요.

축제를 주최하는 사람들 중에도 맥주 시체가 있지만, 멀리서 배낭여행을 온 젊은이들도 생각 없이 맥주를 마시다가 맥주 시체가 되는 일이 많아요. 왜냐하면 옥토버 페스트의 맥주는 보통 맥주보다 알코올 도수가 0.5~1퍼센트 정도 높거든요.

물론 축제 자체가 맥주를 마시는 축제이다 보니, 어느 정도 취하고 비틀거린다 해도 대체로 너그러운 편이에요. 평상시 같으면 젊은이들이 술에 취해 쓰러져 있다가는 크게 야단을 맞을 수도 있지만 이날만큼은 모두가 너그럽게 봐주지요. 그래도 술에 잔뜩 취해 싸움이 나거나 볼썽사납게 난동을 부리면 경찰 아저씨가 달려올지도 모르니 주의해야 해요.

옥토버 페스트에는 왜 초록색 장식이 많을까?

" 우리나라 사람들은 초록색을 비교적 좋아해요. 초록색이 순수함이나 푸른 자연을 상징하기 때문이에요. 독일에서는 초록색이 매우 특별한 사랑을 받고 있어요. 부와 건강을 가져온다고 믿기 때문이지요. 옥토버 페스트에 가면 모자, 벨트, 티셔츠, 신발, 장신구 등 온통 초록색 일색이에요. 초록색으로 만든 다양한 장식과 기념품들도 있지요. 중국 사람들이 붉은색을 유달리 좋아하는 것처럼 독일 사람들은 초록색을 좋아한답니다. "

전 세계의 공연이 한자리에 모이다니!

영국 에든버러 프린지 축제

영국에서 열리는 에든버러 프린지 축제를 소개하기 위해서는 에든버러 국제 축제를 말하지 않을 수가 없어요. 축제가 열리는 장소도 같고 이름도 거의 비슷해서 같은 축제가 아닐까 생각할 수 있는데 약간 차이가 있답니다.

'에든버러 국제 축제'는 영국 스코틀랜드의 중심 도시 에든버러에서 열리는 세계에서 가장 규모가 큰 공연 예술 축제예요.

에든버러는 스코틀랜드의 오랜 역사와 긍지를 그대로 담고 있는 영국 북부 최대의 도시예요. 영화에서 볼 수 있는 고즈넉한 고성에 아름다운 자연환경까지 보기만 해도 평화로움이 느껴진답니다. 또 다양한 축제까지 더해져서 관광 도시로도 널리 알려져 있어요.

에든버러 국제 축제는 1947년에 시작된 장수 축제로, 매년 8월 초순부터 9월 초순까지 꼬박 한 달 동안 에든버러 시내 전역에서 펼쳐지고 있어요.

이 기간 동안 무려 1,000개가 넘는 공연 팀들이 시내 곳곳에서 공연을 하는데, 참여하는 예술가가 2만 명이 넘는다고 해요. 참가하는 국가가 60개국에 달하고, 총 3만 회가 넘는 공연이 축제 기간에 무대 위에 올라요.

그렇다면 이를 보기 위해 몰려드는 관광객은 또 얼마나 많을까요?

수만 명의 예술가들이 찾아 공연을 펼치는 에든버러 축제

놀라지 마세요. 축제가 열리는 한 달 동안 자그마치 1,200만 명의 관람객이 에든버러를 찾아온다고 해요. 사람을 모으는 데 축제만 한 게 또 어디 있을까요?

여기서 잠깐! 축제 기간 동안 1,000개가 넘는 공연 팀들이 어떻게 한꺼번에 공연을 할 수 있나 궁금하지요? 아무리 큰 도시라고 해도 공연장은 몇 개 안 될 테니까요.

1년에 한 번 축제를 열기 위해 많은 공연장을 짓는 건 큰 낭비예요. 축제의 규모가 점점 커지자 에든버러 사람들은 오랫동안 이 문제를 고민했어요. 그러자 참신한 아이디어들이 여기저기서 쏟아졌지요. 에든버러의 축제가 성공하게 된 비결이 바로 여기에 있답니다.

예술가들은 공연장이 턱없이 모자라자 학교나 교회, 창고, 골목의 작은 공터, 분수대가 있는 도심 광장, 심지어 병원이나 다리 밑까지 사람들이 모일 만한 공간이 있다면 어디든지 찾아가서 자유롭게 거리 공연을 펼쳤어요. 바로 축제 속의 축제라 할 수 있는 에든버러 프린지 축

제가 시작된 것이지요.

프린지는 '주변부', '가장자리'라는 뜻인데 이름만 들어도 '에든버러 프린지 축제'에 뭔가 안타까운 사연이 숨겨져 있다는 것을 추측할 수 있어요.

제2차 세계 대전이 끝나고 얼마 뒤인 1947년, 에든버러에서는 메마르고 황폐한 도시의 무거운 분위기를 바꿀 뿐만 아니라 유럽의 평화를 기원하고 대결이 아닌 화합의 장으로 거듭나기 위해 작은 예술 축제를 만들었어요. 예술이 빚어 내는 아름다움과 따스함이 전쟁의 공포와 차가움을 이겨 내기를 바랐던 것이지요.

이를 위해 세계 각국의 예술인들이 에든버러에 모여 수준 높은 오페라와 연극들, 클래식 음악, 발레 작품 등을 무대에 올렸어요. 하지만

축제의 시작을 알리는 개막식

거리 곳곳에서 공연을 펼치는 에든버러 프린지 축제

아름다운 멜로디를 선보이는 아프리카 합창단

도시에 공연장이 얼마 없다 보니, 유명한 공연 몇 작품만 겨우 무대에 올릴 수 있었어요.

공연을 하고 싶어도 무대가 부족해 축제에 끼지 못하는 예술가들은 크게 실망했어요. 그래서 가난한 거리의 예술가 여덟 명이 고민 끝에 거리에서 공연을 펼쳤어요. 축제의 중심에 끼지 못한 '변두리 공연'인 셈이었지요. 물론 허가를 받지 못한 공연이니 공연료도 받지 못했어요. 하지만 이들은 돈을 벌기보다 열심히 준비한 공연을 단 몇 사람에게라도 선보일 수 있다는 사실에 매우 기뻐했어요.

그런데 공연장에 올린 비싼 공연들보다 거리에서 자유롭게 무료로 선보인 공연들이 훨씬 더 재미있었나 봐요. 사람들이 거리 공연에 더 열광을 했으니까요. 거리 공연은 특정한 기준을 두고 선발하지도 않는

데다 누구나 자유롭게 참여할 수 있는 개성 만점의 공연이었어요. 예술가들의 자유로운 상상력과 실험 정신이 마음껏 발산되는 공연이라 많은 관객과 언론의 주목을 받았답니다.

그 뒤 변두리 공연들은 자연스럽게 입소문을 탔고, 지금은 에든버러 국제 축제보다 에든버러 프린지 축제가 더 유명해졌어요. 축제 속의 축제, 가장자리 축제가 에든버러 국제 축제의 중심이 된 거예요.

정말 의외죠? 완벽한 환경과 조건이 갖추어지지 않더라도 사람들의 마음을 이처럼 움직일 수 있잖아요. 만약 공연장 문을 꼭꼭 닫아걸고 비싼 관람료를 받는 공연들만 고집했다면 아마도 에든버러 국제 축

낚시 장면을 연출하고 있는 독특한 공연

제가 지금처럼 유명한 축제로 성장할 수는 없었을 거예요. 누구나 즐길 수 있도록 열려 있고, 소박하면서도 풍성한 공연들이 있기에 오늘날 전 세계에서 가장 유명한 축제가 된 것이 아닐까요?

에든버러 국제 축제 기간에는 비슷한 이름의 축제들이 동시에 열려요. 에든버러 국제 축제, 에든버러 프린지 축제, 에든버러 어린이 축제, 에든버러 도서 축제, 에든버러 국제 영화제, 에든버러 인터넷 축제, 에든버러 휴먼 축제 등 다양한 구성으로 에든버러를 축제의 열기로 가득 채운답니다.

물론 이 중에서도 에든버러 프린지 축제가 가장 유명하고 인기가 높아요. 에든버러 프린지 축제는 일정한 스케줄이 없고 누구든 원하는 곳에서, 원하는 공연들을 펼쳐 보여요. 그래서 생동감과 예술의 자유로움을 더 친근하고 가깝게 느낄 수 있답니다.

우리나라에서도 1999년 '난타' 공연 팀이 에든버러 프린지 축제에 참가하였어요. 이때 관객들의 반응도 무척 좋았고 최고 평점까지 받았어요. 그 덕분에 세계 무대로 진출하는 데 큰 도움이 되었지요.

참, 우리나라에서도 에든버러 프린지 축제를 본떠 서울 프린지 페스티벌을 개최하고 있어요. 우리나라뿐 아니라 아시아 각국에서 예술가들이 찾아와 흥겨운 공연 축제를 연답니다. 언젠가는 서울 프린지 페스티벌도 에든버러 프린지 축제처럼 큰 축제의 장이 될 수 있겠죠?

에든버러 프린지 축제에서는 재즈, 아동극, 인형극, 곡예 등 흥미진진한 볼거리가 수도 없이 펼쳐지기 때문에 잠시도 눈을 쉴 틈이 없답니다. 수많은 예술가들이 이 변두리 공연에서 발굴되기도 했다니까, 미래의 스타를 보고 싶다면 이곳 에든버러 프린지 축제에 가서 미리 만나 보세요.

 공연 표를 반값에 사는 방법

" 에든버러 프린지 축제에 가면 무료 공연도 많지만 관람료를 지불해야 볼 수 있는 공연도 많아요. 큰 규모의 공연일수록 출연하는 배우도 많고, 다양한 소품도 필요하고, 경비도 많이 들 테니까요. 그런데 이런 유료 공연을 싸게 보는 방법이 있어요. 당일 공연 표를 사는 거예요. 축제를 준비하는 측에서도 공연이 있는 당일까지 표를 다 팔지 못하면 곤란하겠죠?

축제가 열리는 에든버러 시내 광장에 가 보면 '프린지 반값 창구(Fringe Half Price-Hut)'가 있어요. 이곳에 가면 당일 열리는 공연 표를 반값에 살 수 있으니 꼭 기억해 두세요. "

● 스코틀랜드 | 영국은 잉글랜드, 스코틀랜드, 웨일즈, 북아일랜드로 이루어진 연합 왕국이다. 각 지역은 행정 구역으로 구분되어 있는데, 이 중 스코틀랜드는 북부에 있는 지방이며, 중심 도시는 에든버러이다.

아비뇽 축제에는 아비뇽 사람들이 없다?

프랑스 아비뇽 축제

　프랑스는 유럽의 한가운데 가장 비옥한 평야 지대에 위치한 평화로운 나라예요. 예술과 패션, 치즈와 와인으로 유명하죠.
　프랑스의 수도인 파리에서 남쪽으로 두세 시간쯤 기차로 달리면 아비뇽이라는 중세 시대의 고성 도시가 나와요. 유네스코 세계 문화유산으로도 등재돼 있는 아비뇽은 중세 시대 프랑스 왕 필립 4세가 로마에 있던 교황청을 강제로 아비뇽으로 옮기면서 찬란한 역사가 시작되었어요. 지금은 교황청이 다시 로마로 옮겨 갔지만 아비뇽에는 오래되고 멋진 성벽들이 도심 안에 그대로 보존되어 독특하고 오묘한 중세 도시 분위기를 고스란히 느낄 수 있어요.

고즈넉한 이곳에서 여름휴가를 보내기 위해 찾아오는 관광객들이 무척 많아요. 그런데 많은 사람이 아비뇽을 방문하는 특별한 이유가 한 가지 더 있어요. 바로 아비뇽에서 열리는 축제 때문이에요.

아비뇽 축제가 열리면 아비뇽 성 안팎에서 수백 편의 연극이 한 달 동안 끊임없이 무대에 올라요. 어찌나 재치 있고 기발한 공연들이 많은지 매일 두세 편씩 골라 보면서 축제가 끝날 때까지 아비뇽을 떠나지 못한답니다.

코미디를 소재로 한 연극도 많아서 어린이 관객들도 따분해 하지 않아요. 평소에 연극을 자주 접하지 못한 어린이들이라면 아비뇽 축제

벽면을 가득 채운 공연 포스터

아비뇽 거리 곳곳에서 만날 수 있는 배우들

에 가서 연극의 진짜 매력을 느낄 수 있을 거예요.

유럽 사람들은 우리나라 사람들과는 휴가를 즐기는 스타일이 조금 달라요. 우리나라 사람들은 1년에 한 번 모처럼 갖는 휴가라서 친한 친구나 가족끼리 모여서 여한 없이 실컷 놀자는 분위기가 많잖아요. 유원지나 해수욕장, 놀이공원 등이 휴가철마다 북적대는 것도 그 때문이지요. 재미있기는 하지만 솔직히 휴가가 끝나면 더 피곤할 정도예요.

유럽 사람들은 평소 주말에 열심히 노는 편이에요. 그래서 휴가철은 한가롭게 책을 읽거나 음악을 들으며 조용히 보내지요. 또 아비뇽 같은 조용한 고성 도시를 찾아와 여유를 즐기며 충분히 쉬는 것을 최고의 휴가라고 생각하죠. 연극 한두 편을 관람하기도 하면서요.

그러다 보니 재미있는 현상이 생겨요. 일시적으로 아비뇽의 주인이 뒤바뀌는 거예요. 무슨 얘기냐고요? 아비뇽 시민들도 휴가철에 충분히 쉬고 싶을 텐데 여름만 되면 축제를 보기 위해 아비뇽으로 사람들이 몰려드니 도무지 휴가를 즐길 수가 없잖아요.

그래서 일부 사람들은 휴가철만 되면 외지에서 오는 관광객들에게 한 달 동안 집을 빌려 주고 정작 본인들은 다른 도시로 여행을 떠난답니다. 이렇게 해서 도시의 주인이 잠깐 동안 바뀌는 거예요.

아비뇽 시민들은 휴가 비용이 생기고, 관광객들은 싼값에 편한 숙소를 빌릴 수 있으니 서로에게 좋은 일 아니겠어요?

아비뇽 축제는 1947년에 처음 생겼어요. 예술을 사랑하는 프랑스 사람들이 연극 축제를 통해 아비뇽을 활기 넘치는 문화 도시로 바꾸고자 기획했지요.

몇몇 유명한 연극은 공식 초청작이라고 해서 축제를 주최하는 측에서 모든 비용을 제공하고 공연을 올리지만, 대부분의 작은 해외 공연들은 직접 참가비를 내고 참가 신청을 해야 해요. 그러다 보니 영국의 에든버러 프린지 축제처럼 최소한의 비용으로 참가하기 위해 거리 곳곳에서 이동하면서 공연하는 연극도 무척 많답니다. 요즘은 관객들도 이런 부담 없는 거리 공연들을 좋아하는 편이에요. 거리 공연에서는 코믹하고 재치 있는 공연들이 특히 인기가 높아요. 심각한 공연보다는 사람들의 시선을 끌기 쉬우니까요.

아비뇽 축제는 연극을 중심으로 하는 즐거운 축제이기도 하지만

독특한 복장으로 연극을 직접 홍보하는 배우

연극을 사고파는 거대한 시장 역할도 해요. 연극표가 아니라 연극을 사고판다니 무슨 말인지 모르겠죠?

축제에는 크게 두 가지 기능이 있어요. 한 가지는 일반적으로 많은 사람들이 함께 모여 어울리며 즐기는 놀이마당과 같은 기능이고, 다른 한 가지는 공연을 만드는 사람들끼리 공연 작품을 한곳에 모아 놓고 서로 사고파는 시장과 같은 기능이에요. 즉, 시장에서 물건을 파는 것처럼 축제에서 연극 작품을 사고파는 거예요. 축제에 다양한 공연들이 모이면 공연 기획자들이 전 세계 공연장을 돌아다니지 않고도 좋은 작품을 살 수 있으니까요.

그럼 공연 기획자가 공연을 사는 이유는 무엇일까요? 좋은 공연을 아비뇽 축제에서만 올릴 게 아니라 다른 나라, 다른 축제, 다른 공연장에서도 올리자고 초청을 하는 거예요. 물론 모든 비용을 제공하고요. 그러면 더 많은 사람이 연극을 함께 볼 수 있지요. 그런 까닭에 규모가 가장 큰 아비뇽 축제와 영국의 에든버러 프린지 축제는 공연 시장으로서도 매우 중요한 역할을 하고 있답니다.

축제의 이런 숨은 기능 덕분에 우리나라의 공연장과 지역 축제에서도 다른 나라에서 온 다양한 공연을 볼 수 있지요. 공연 기획자가 그 공연을 초청했을 수도 있고, 축제라는 큰 시장에 공연을 선보이기 위해서 일부러 찾아온 것일 수도 있지요.

자, 이만하면 축제가 보이지 않게 얼마나 중요한 역할을 하는지 알겠죠? 만약 공연 기획자가 된다면 어떤 공연을 초청하고 싶은지 생각해 보세요. 우리나라의 훌륭한 공연을 다른 나라에 소개하는 다리 역할을 해도 좋지요.

 '우리는 아비뇽에 가지 않을 거야' 축제

" 이건 프랑스에서 열리는 또 다른 축제의 이름이에요. 정말 특이한 이름이죠? 이 우스꽝스런 이름의 축제가 왜 만들어졌는지 이야기해 줄게요.
　아비뇽 축제는 세계적으로 성공한 훌륭한 축제이지만, 한편으로는 지나치게 상업적으로 변하고 있어서 이 축제의 나쁜 점을 비판하는 사람들도 있답니다. 예를 들면 유명한 예술가들만 초청하고 이름 없는 예술가들은 초청하지 않는다는 것이죠. 그래서 화가 난 프랑스의 젊은 예술가들이 '치사해서 우리는 아비뇽에 가지 않을 거야!'라고 선언했어요. 그리고 파리 외곽에 있는 폐쇄된 기차역을 청소하고 여기에서 직접 작은 공연 축제를 만들었대요. 그렇게 해서 규모는 크지 않지만 누구라도 참여할 수 있는 열린 축제가 탄생했어요. 기차조차 다니지 않는 버려진 기차역에서 작고 초라하게 문을 연 축제가 벌써 10년이 넘도록 젊은 예술가들의 전폭적인 사랑을 받는 축제가 되었답니다. 축제도 재미있지만 이런 축제를 만든 프랑스 예술가들의 새로운 시도도 진심으로 박수쳐 줄 만해요. 우리 친구들도 프랑스의 젊은 예술가들처럼 반전의 매력이 있는 축제를 한번 기획해 보는 게 어때요? '우리는 일등하지 않을 거야' 축제 같은 건 어떨까요? "

전통 축제의 자존심을 지켜라!

벨기에 뱅슈 축제

축제가 시작되면 초록색 안경에 전통적인 축제 복장을 한 요정들이 거리를 돌아다녀요. 아빠 손을 잡고 고사리손으로 주황색 오렌지를 던지는 작은 축제 요정들을 보고 있노라면 중세 영화의 한 장면을 보는 듯해요.

뱅슈는 벨기에 남서부 에노 주에 있는 작은 도시예요. 인구가 3만 명이 채 되지 않는 아담한 곳이죠. 대신 14세기에 지어진 벽돌 건물과 도시를 둘러싼 작은 성곽 등이 무척 운치가 있답니다.

이 작은 도시에서 매년 2월경 뱅슈 축제가 펼쳐져요. 축제 기간은 사순절 바로 전 일요일부터 화요일까지 총 3일이에요.

뱅슈 사람들은 이 축제에서 도시의 평화와 시민들의 건강을 기원하는 퍼레이드를 해요. 규모는 작지만 축제에 참가하는 뱅슈 시민들의 자부심 덕분인지 세계의 그 어떤 축제보다 지역의 특성과 협동 정신이 잘 드러난답니다.

이 축제가 얼마나 오래전부터 열려 왔는지는 기록이 없어서 정확히 밝혀지지 않았지만, 벨기에의 역사학자들은 대략 14세기경으로 추정하고 있어요.

신성 로마 제국 시절, 헝가리의 왕비 마리는 '뱅슈의 부인'이란 칭호를 들을 정도로 뱅슈를 좋아하여 이곳에 자주 머물렀다고 해요. 1549년 8월 22일에는 마리의 오빠인 신성 로마 제국의 카를 황제가 이곳을 방문했는데, 이때 뱅슈에서는 황제를 맞이하기 위해 큰 축제를 열었어요.

　축제가 얼마나 성대했는지 당시 '뱅슈의 축제만큼 대단한 것이 없구나.'라는 속담까지 생겼다고 해요. 바로 이 축제에서 유래되어 뱅슈 축제가 지금까지 계속 열리게 되었다는 게 여러 역사학자의 추측이에요.

　뱅슈 축제는 벨기에의 오랜 전통과 풍습을 원형에 가깝게 잘 보존하고 있어서 유네스코 세계 무형유산으로 등재되었어요. 세계 곳곳에 화려하고 크게 열리는 축제들은 많지만 무형유산으로 등재된 것은 드물답니다. 독특한 지역 문화와 풍습을 조화롭게 간직하는 것이 얼마나 중요한지를 보여 주는 좋은 예라고 할 수 있어요.

    뱅슈 축제는 보통 7주 전부터 준비를 시작해요. 날짜가 다가오면 뱅슈 시내 곳곳에 퍼레이드의 주인공인 축제 요정들이 독특한 복장과 타조 깃털 모양의 머리 장식을 하고 돌아다녀요. 이 독특한 요정 옷을 입은 사람들을 '질'이라고 해요. 축제의 주인공인 질은 풍요와 행복을 상징하는 존재예요.

거리로 나선 뚱뚱보 축제 요정 질

뱅슈 축제의 질이 되려면 까다로운 자격 조건을 갖춰야 해요. 나이는 3세부터 60세까지 가능하지만, 반드시 벨기에 국적을 가진 남성이어야 하고, 뱅슈에서 태어나 어릴 적부터 축제에 참여한 경험이 있어야 해요.

뱅슈 축제에는 매년 1,000~1,500명 정도의 질이 참가해요. 하지만 퍼레이드에 참가하는 질들을 보면 모두 요정 같지는 않아요. 진짜 요정처럼 귀엽게 생긴 남자아이 질도 있지만 털북숭이 아저씨 질도 있으니까요. 하지만 아무리 우락부락한 털북숭이라도 질의 옷을 입기만 하면 무척 귀엽다는 사실!

질은 하얀 깃털로 장식한 화려한 모자를 쓰고 벨기에 전통 문양이 그려진 독특한 의상을 입고 있어요. 허리에는 딸랑딸랑 작은 종들이 달린 허리띠를 하고, 사람을 환대한다는 뜻으로 초록색 눈이 그려진 가면을 써요. 이런 독특한 복장을 한 1,000여 명의 질들이 한꺼번에 모여 행진을 하는 것을 보면 거대한 타조 떼가 몰려다니는 것처럼 보이기도 해요.

퍼레이드를 하는 날 아침에 뱅슈의 각 가정에서는 퍼레이드에 참가하는 아빠와 아들에게 가족들이 한데 모여 질의 의상을 입혀 주느라 바빠요. 축제를 주도적으로 이끄는 건 남자들이에요. 그러나 질의 의상을 차려입는 과정 자체가 마을의 풍습이나 격식을 지키는 경건한 의식이기 때문에 마을 사람들 모두에게 아주 특별한 의미가 있다고 할 수

가면을 쓴 축제의 요정 질

하얀 깃털로 장식한 모자를 쓴 질

있지요.

　오후 2시가 되면 신나는 드럼 연주와 함께 1,000여 명의 질이 거리를 행진하기 시작해요. 이때 재미있는 장면을 하나 볼 수 있어요. 질들이 주황색 광주리에 든 오렌지들을 군중에게 인정사정없이 던지는 광경이에요. 퍼레이드를 보기 위해 몰려든 군중들이 난데없이 오렌지 세례를 받는 것이지요.

하지만 군중들은 화를 내기보다 오렌지를 하나라도 더 받기 위해 안간힘을 써요. 왜냐하면 질이 던지는 오렌지를 받으면 그해에 큰 행운이 찾아온다고 믿거든요. 오렌지를 마구 던지는 퍼레이드라니, 정말 재미있지요? 오렌지를 좋아하는 친구라면 뱅슈 축제에 꼭 한번 가 보세요.

질에게 복수는 금물

"퍼레이드에서 질이 던진 오렌지를 잘못 맞아 눈이 퉁퉁 부어오를 수도 있어요. 간혹 어떤 사람들은 화가 나서 반사적으로 오렌지를 질에게 집어던지기도 해요. 하지만 축제의 요정인 질과 싸워서는 절대 안 돼요. 뱅슈 축제에서 오렌지를 던지는 것은 오로지 질만이 할 수 있어요. 아무리 아프고 화가 나도 참아야 된다는 것이죠. 질에게 복수는 절대 금물이에요! 그러니 축제에 참가하기 전에 오렌지 받는 연습을 충분히 하든가, 날렵하게 이쪽저쪽 피할 수 있어야 해요."

● 사순절 | 기독교에서 부활 주일 전에 거룩하게 지키는 40일 동안의 기간. 사순절 기간에는 광야에서 금식하고 시험받은 예수 그리스도의 수난을 기억하기 위해 금식하고 속죄하며 지낸다.

으깨고, 던지고, 터뜨리는 토마토 전쟁!

스페인 토마토 축제

　부뇰은 스페인의 발렌시아에서 기차로 1시간쯤 걸리는 도시예요. 토마토로 유명한 도시지요. 매년 8월 말 토마토 축제가 열리면 온 도시가 토마토 주스에 풍덩 빠진답니다. 사람도, 거리도, 집들도 온통 빨갛게 물이 들 정도예요.

　부뇰에서 열리는 이 토마토 축제를 스페인어로는 '라 토마티나'라고 해요. 축제는 8월 마지막 주 수요일에 딱 하루만 열리고, 작은 마을의 골목골목에서 동시다발적으로 펼쳐지기 때문에 흥분이 극에 달해요. 으깨고, 던지고, 터뜨리고, 미끄러지고, 고함지르고, 울고, 웃고…… 토마토 하나로 정말 즐거운 시간을 보내지요.

이날 하루에 쓰이는 토마토 양만 해도 120톤이 넘어요. 작은 마을에 이렇게 많은 토마토가 한꺼번에 쏟아진다고 생각해 보세요. 광장이며, 거리며 사방이 토마토 천지예요.

이 많은 토마토를 좁은 골목까지 어떻게 운반했을까요? 또 토마토 즙으로 붉게 물든 도시를 어떻게 다 치울까요? 토마토로 온통 붉게 물드는 부뇰의 하루가 어떻게 지나가는지 한번 볼까요?

축제가 시작되기 전 마을 사람들은 건물이나 창문을 비닐로 꼼꼼하게 막고 잘 덮어요. 축제가 시작되면 사방에서 날아드는 토마토 때문에 토마토 범벅이 되거나 붉은 물이 들 수 있으니까요.

토마토 축제에 가려면 물안경은 필수

토마토 축제의 시작은 토마토가 아니라 햄이에요. 축제 당일이 되면 기름을 잔뜩 발라 놓은 커다란 통나무 기둥을 부뇰 시청 광장 한가운데에 세워 놓아요. 이 통나무 꼭대기에는 스페인 전통 햄을 대롱대롱 매달아 놓지요.

오전 11시가 되면 광장에 모여 일찍부터 술을 마시던 청년들이 맨손으로 미끌미끌한 통나무 위로 기어올라요. 기름 때문에 기둥이 미끌미끌하니 올라가다 주르륵 미끄러지고, 올라가다 주르륵 미끄러지고, 한참 동안 기둥과 실랑이를 벌이지요. 하지만 혈기왕성한 청년들이라서 쉽게 포기하지는 않아요. 지혜롭게도 기둥 끝까지 목말로 인간 기둥을 만든 다음 날쌔고 가벼운 청년이 타고 올라가요. 그렇게 해서 햄을 따는 데 성공하면 비로소 토마토 축제가 시작되지요.

미끄러운 통나무를 타고 올라가 마침내 햄을 따 내는 순간, 많은 사람이 기쁨의 함성을 지르고, '토마토! 토마토!' 하고 한목소리로 외친답니다. 그러면 시청에서는 토마토를 운반하라는 신호로 대포를 쏘아 올려요. 그 즉시 대기하고 있던 트럭 수십 대가 토마토를 가득 싣고 나타나요. 자그마치 토마토 120여 톤을 시내 곳곳에 퍼붓기 시작하는 거예요. 가만히 지켜만 봐도 흥미진진한 축제이지만 쏟아지는 토마토 세례를 온몸으로 받는 기분이 더 짜릿하고 즐거워요.

토마토가 폭포수처럼 쏟아져 거리를 가득 채우면 사람들은 그동안의 스트레스나 고민을 토마토에 실어 힘껏 던져요. 베란다에서는 열기를 식히기 위해 마을 사람들이 양동이로 물을 퍼부어요. 열기가 점점 높아지고, 토마토들이 으깨져 질척질척한 강물을 이루면 사람들은 데굴데굴 구르기도 하고, 헤엄치듯 몸부림을 치기도 해요.

토마토 강물에서 한바탕 헤엄을 치고 나면 옷이고 얼굴이고 토마토 물에 붉게 물들어요. 어른, 아이, 여자, 남자, 가릴 것 없이 이날만큼은 체면도 다 버리고, 쌓인 스트레스를 푼답니다.

얼마나 정열적으로 던지고 싸우고 잡아당기는지 옷이 찢어지기도 하고, 미끄러지거나 내던져져서 토마토에 푹 파묻힐 때도 있어요. 가끔은 크고 작은 사고나 싸움이 일어나기도 해요. 규칙을 어기고 너무 심한 장난을 치기 때문이지요.

축제에 즐겁게 참가하기 위해 전 세계 사람들이 모인 만큼, 규칙은 엄격하게 지켜야 해요. 쌓인 스트레스를 풀기 위해 모였는데, 감정이 상해 진짜 싸움이라도 일어나면 스트레스가 더 쌓이잖아요. 골목이 좁아 한번 싸움이 나면 말리거나 통제할 수도 없어요. 사람들이 뒤엉키면 순식간에 큰 불상사로 이어지니까 축제에 참석하기 전에 규칙들을 충분히 알아보고 조심해야 한답니다.

우리 친구들도 행여 토마토 축제에 가거들랑 조심, 또 조심해야 해요. 덩치 큰 형들한테 들이대다가 진짜 토마토처럼 납작해질지도 모르니까요.

물론 먹는 음식으로 장난치면 안 된다는 어른들 말씀을 기억하고 탐탁지 않게 생각하는 친구들도 분명히 있을 거예요. 아무리 스트레스를 푸는 축제라고 해도 세계 어딘가에는 굶주림에 죽어 가는 친구들도 있으니까 말이에요. 우리 조상들이 이런 축제가 있다는 걸 안다면 크게 호통을 칠지도 몰라요. 하지만 너무 걱정하지 않아도 돼요. 축제에 쓰이는 토마토는 모두 상품으로 팔 수 없는 것만 모은 거라고 해요. 부뇰은 예부터 땅이 기름져서 다양한 과일과 채소가 많이 나는 곳이에요. 특히 맛있는 토마토가 많이 생산되는 지역으로 유명하지요.

토마토는 원래 덜 익었을 때 따서 팔아야 하는데, 매년 이 시기가 되면 빨갛게 푹 익어서 물렁물렁한 토마토가 된답니다. 잘 익어서 맛은 좋지만 팔 수 없는 토마토예요. 사방에 널린 게 토마토인데 처치하기는 곤란한 것이지요. 이렇게 되면 토마토를 따는 것도 큰일이기 때문에 그대로 밭을 갈아서 엎어 버린답니다. 우리나라에서도 배추나 양

토마토 범벅이 된 트럭 위의 사람들

파 등의 상품 가치가 뚝 떨어져 팔 수 없을 지경에 이르면 농부들이 속상한 마음에 밭을 그대로 갈아엎어 버리잖아요.

부뇰의 농부들도 처음에는 몹시 속상했을 거예요. 아까운 토마토를 모두 버려야 했으니까요. 하지만 부뇰의 농부들은 토마토를 그냥 버리지 않고 부뇰의 특산물로 재미있게 홍보할 수 있는 축제를 만들어 보자고 아이디어를 냈지요. 그 덕분에 '토마토' 하면 부뇰이 떠오를 만큼 많은 수익을 올리게 되었답니다.

토마토 던지기는 딱 2시간 동안만 해요. 폭죽 소리와 함께 축제가 끝나면 그때부터는 그 누구도 토마토를 던져서는 안 돼요. 한바탕 토마토 전쟁을 치르고 나면 온 마을이 토마토 범벅이 되지요.

토마토로 집중 공격을 당하는 여성들

청소는 누가 하냐고요? 소방차가 출동해서 물청소를 해요. 불을 끄는 높은 수압으로 '쏴!' 하고 물을 뿜으면 토마토에 들어 있는 산 성분 덕에 묵은 때까지 함께 깨끗하게 씻겨 나간다고 해요. 스트레스도 풀고 묵은 때도 씻고, 일석이조예요.

이렇게 부뇰 농부들의 참신한 아이디어 덕분에 토마토 판매량도 늘고, 부뇰은 전 세계에서 가장 유명한 도시 가운데 하나가 되었어요. 실제로 스페인의 토마토 축제는 매년 세계에서 가장 가 보고 싶은 축제 1위로 뽑히고 있어요. 거기다 이 작은 마을이 매년 관광객으로 넘쳐나니 그야말로 효자 축제라고 할 수 있지요.

토마토를 던지는 요령

" 아무리 푹 익은 토마토라고 해도 토마토를 얼굴에 직접 맞으면 아프겠죠? 그래서 토마토 축제에서는 몇 가지 규칙들이 있어요. 첫째, 토마토를 사람의 얼굴에 직접 던지면 안 돼요. 둘째, 토마토 이외에는 그 어떤 것이라도 던져서는 안 돼요. 셋째, 토마토는 던지기 전에 꼭 으깨서 던져야 해요. 그래야 맞은 사람이 다치지 않으니까요. 토마토 축제에 경험이 많은 사람들은 토마토를 빨리 으깨기 위해 한 입 베어 물고 나서 손으로 꽉 눌러요. 그러면 1초 만에 토마토가 납작하게 으깨진답니다. "

얼음과 오색등이 환상적인 겨울 축제를 만나자!

중국 하얼빈 빙등제

　중국 하얼빈에서는 매년 1월 한 달 동안 하얀 눈과 꽁꽁 언 얼음, 그리고 오색찬란한 빛을 소재로 아름다운 축제를 열어요. 얼음 '빙(氷)'과 등불 '등(燈)', 제사 '제(祭)' 자를 합쳐서 '빙등제'라고 하지요. 눈 '설(雪)' 자를 써서 '빙설제'라고도 해요. 눈과 얼음이 소재이니 당연히 한겨울에 열리겠지요?

　하얼빈은 중국의 최북단에 위치한 도시예요. 지도에서 찾아보면 우리나라를 기준으로 했을 때 베이징이나 상하이는 서쪽에 있는데, 하얼빈은 백두산 위쪽으로 한참 올라가야 나오는 곳이죠. 그러니 날씨가 얼마나 추울지 상상이 가죠? 빙등제와 같은 대규모의 얼음 축제가 한 달 동안이나 가능한 건 하얼빈이 북쪽에 위치한 아주 추운 도시이기 때문이에요.

빙등제는 볼거리가 많아 두 곳으로 나누어 축제를 열고 있어요. 얼음과 오색찬란한 조명들을 이용한 조각 작품을 전시하는 빙등제는 자오린 공원에서 열리고, 눈을 이용한 조각 작품을 전시하는 빙설제는 타이양다오 공원에서 열리죠.

참, 한국인이라면 꼭 알아야 할 게 있어요. 빙등제가 열리는 하얼빈 자오린 공원 이야기를 역사책 어디선가 본 적 있나요?

오색찬란하게 조명을 밝힌 거대한 얼음성

자오린 공원의 원래 이름은 다오리 공원이었어요. 하얼빈에 생긴 최초의 공원이지요. 1946년 중국의 항일 영웅인 리자오린의 유해를 이곳에 안장하고 난 뒤 리자오린을 영원히 기념하기 위해 공원 이름을 자오린 공원으로 바꾸었답니다.

이 자오린 공원에 가면 안중근 의사의 흔적도 찾아볼 수 있어요. 하얼빈 역에서 이토 히로부미를 저격한 안중근 의사가 사형대에 오르기 전 조국이 독립되는 그날까지 자신의 시신을 묻어 달라고 한 곳이 바로 자오린 공원이에요.

비록 일제가 안중근 의사의 시신을 돌려주지 않고 묻어 버려 자오린 공원에 묻히지는 않았지만 안중근 의사를 기념하기 위해 공원 한켠에 비석이 지금도 남아 있지요.

자, 그럼 다시 빙등제 얘기로 돌아가 볼까요? 하얼빈 빙등제는 일본의 삿포로 눈꽃 축제, 캐나다 퀘벡 겨울 축제와 함께 세계 3대 겨울 축제로 알려져 있어요. 본래 청나라 때부터 전해져 내려오던 풍습 가운데 하나였지만, 1963년에 본격적으로 축제 형식을 갖추기 시작했어요. 공식적인 축제로 개최되기 시작한 것은 1985년 제1회 하얼빈 빙등제가 열리면서부터랍니다.

축제 기간에는 전 세계의 유명한 얼음 조각가들이 모여들어 이름난 건축물이나 동물 등의 모형을 조각하여 전시해요. 축제가 시작되면 얼음 조각 안에 밝혀 둔 오색등 덕분에 신비하고 아름다운 장관이 연출돼요. 아름다운 조각들이 전시된 축제장의 규모도 얼마나 큰지 축구장이 300개 넘게 들어가고도 남을 정도라고 해요.

이렇게 넓은 곳에 조각 작품들이 무려 2,000여 개가 전시돼요. 환상적인 빙등제를 보기 위해 하얼빈으로 찾아오는 관광객 수만 해도 100만 명이 넘어요. 이렇게 큰 규모로 열리는 축제 덕에 일자리가 많이 생겨서 하얼빈은 실업자들이 많이 줄었대요. 정말 놀랍고도 고마운 축제지요?

빙설제가 열리는 타이양다오 공원은 쑹화 강 북쪽에 위치해요. 섬 전체를 공원으로 만든 곳인데, 새하얀 눈으로 만든 조각 작품들이 이곳에 전시된답니다.

얼음으로 탄생한 거대한 도시

영하 30도까지 기온이 내려가는 추운 밤이면 수증기가 얼어붙어 '다이아몬드 더스트'라고 불리는 세빙 현상이 일어나요. 세빙은 미세한 얼음 결정들이 지표면 가까운 공기 중에 떠 있는 것처럼 보이는 현상이에요. 이 또한 환상적인 야경을 만들어 내는 예술 작품이라고 할 수 있어요. 눈이 충분히 내리지 않을 경우에는 인공 눈을 만들어 행사를 개최한답니다.

하얼빈 빙등제는 주제가 매년 바뀌어요. 30년이 넘도록 한 번도 같은 주제로 축제를 꾸민 적이 없어요. 축제를 개최하는 하얼빈 사람

얼음으로 재현된 우리나라 서울

들은 이 점을 굉장한 자랑거리로 여겨서 '영원히 반복되지 않는 동화의 세계'라고 부르기도 하지요.

초반에는 중국의 인물, 역사적 건축물, 동물, 신화 등의 다양한 중국의 문화를 주제로 삼았는데, 차츰 해외에 알려지면서 세계적인 주제들을 골라 축제를 열고 있어요.

이웃 나라인 우리나라를 주제로 한 빙등제가 열린 적도 있어요. 2007년에 '한류'를 빙등제의 주제로 삼아 우리나라의 광화문, 한류 스타 등을 빛과 얼음으로 재현했지요.

중국에서 올림픽이 열린 2008년에는 올림픽을 주제로 화려한 빙등제를 열었어요. 그 이듬해에는 러시아의 웅장한 크렘린 궁을 실제 크기와 비슷하게 만들어 찬사를 받기도 했고, 2011년에는 이탈리아의 콜로세움을 얼음으로 조각해서 선보였어요.

그런데 생각해 보세요. 크렘린 궁이나 콜로세움 같은 거대한 건축물을 실제 크기와 비슷하게 만들려면 얼음이 얼마나 많이 필요할까요? 이렇게 어마어마한 양의 얼음을 얼릴 만한 큰 냉동고가 있을까요?

사실 아주 간단해요. 얼리는 게 아니고 쑹화 강을 뚝 떼어 오면 되거든요. 하얼빈 시를 가로지르는 쑹화 강은 영하 20도가 계속되는 한겨울이면 강 전체가 꽁꽁 얼어붙는다고 해요. 여기서 떼어 낸 얼음 두께가 75센티미터 정도랍니다. 하얼빈 사람들 말로는 겨울에 얼음이 얼면 자동차가 쑹화 강 위를 달릴 수도 있을 정도라니 얼음이 얼마나 단단하고 두껍게 어는지 짐작이 가지요?

　　매년 12월이 되면 하얼빈에서는 일꾼들을 고용해서 쑹화 강의 얼음을 톱으로 썰어 와요. 그렇게 해서 빙등제의 아름답고 환상적인 얼음 조각들을 만들어 내는 것이랍니다.

　　참, 하얼빈 빙등제에 가면 잊지 말고 꼭 체험해 봐야 하는 것이 있어요. 특히 추운 겨울 야외 놀이가 그리운 친구들이라면 더욱 반가운 소식일 거예요. 바로 만리장성 모양으로 만든 대형 미끄럼틀이에요. 이 대형 미끄럼틀은 몇 년 전부터 등장해서 지금은 최고로 인기가 많아요. 길이가 자그마치 230미터라고 하니 엄청나게 큰 미끄럼틀이죠?

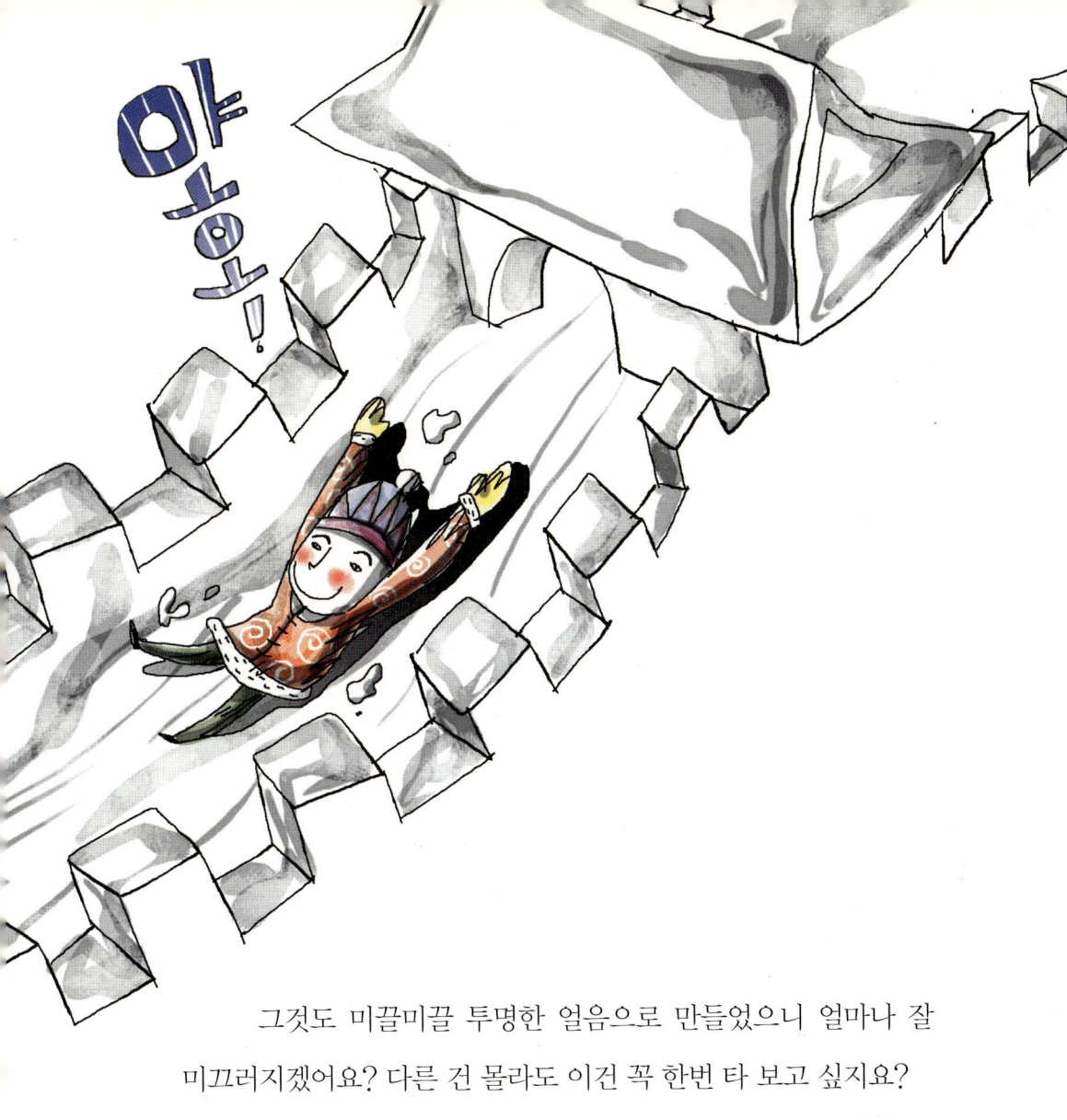

　그것도 미끌미끌 투명한 얼음으로 만들었으니 얼마나 잘 미끄러지겠어요? 다른 건 몰라도 이건 꼭 한번 타 보고 싶지요?
　만리장성 미끄럼틀 옆에는 얼음으로 만든 얼음 호텔도 있어요. 얼음 호텔 안은 어떻게 꾸며져 있을까요? 추위를 잘 참는 친구라면 꼭 한번 들어가 보세요. 추위를 못 참는 친구라면 아마 10분도 못 돼서 바들바들 떨면서 뛰쳐나올걸요.

하얼빈 빙등제는 매년 1월 초에 개장하지만 워낙 볼거리가 많아서 실제로는 12월 크리스마스 무렵부터 실험적으로 문을 연다고 해요. 만약 하얼빈 여행을 갈 기회가 있다면 추운 겨울에 맞춰서 한번 가 보세요. 얼음 도시의 매력을 실컷 느낄 수 있을 테니까요.

시간대별로 입장권 가격이 달라요

> 얼음과 등으로 연출하는 빙등제는 밤에 가야 더 환상적인 볼거리들을 구경할 수 있어요. 그러다 보니 오후나 밤에는 손님이 몰리고 오전에는 텅텅 비겠지요? 그래서 주최측에서 한 가지 묘안을 생각해 냈어요. 오전의 입장권 가격을 오후보다 싸게 파는 것이지요. 그래야 관광객들이 오전에도 많이 찾으니까요. 번잡한 걸 싫어하는 사람이라면 싼 입장권을 사서 오전에 공원을 찾아도 좋을 거예요. 오전과 오후를 비교하면 가격 차이가 무려 3배나 돼요. 오전 9시 30분부터 오후 1시 30분까지는 어린이 60위안(10,000원), 어른 100위안(17,000원)이고, 오후 1시 30분부터 오후 9시까지는 어린이 160위안(28,000원), 어른 330위안(58,000원)이에요. 국제 학생증이 있으면 할인을 받을 수도 있으니 꼭 참고하세요.

● 이토 히로부미 | 대한제국에 을사조약을 강요하고, 고종 황제를 강제로 퇴위시킨 일본 정치가. 안중근 의사는 우리나라를 빼앗은 죄를 직접 처벌하기 위해 이토 히로부미를 하얼빈 역에서 저격해 숨지게 했다.

새해맞이 물 싸움 축제라고?

태국 송끄란 축제

'물의 축제'로 널리 알려진 태국 '송끄란 축제'는 매년 4월 9일부터 20일까지 태국 전 지역에서 다채롭게 펼쳐져요.

'송끄란'은 산스크리트 어로 새해 첫날을 의미해요. 태국력으로는 4월 13일이 새해 첫날인데, 송끄란 축제는 이날을 축하하기 위한 태국의 새해맞이 큰 축제예요. 축제 기간 중에는 물 뿌리기, 방생, 미인 선발 대회 등 다채로운 행사가 열려요.

송끄란 축제가 시작되면 풍요와 순수함을 의미하는 물을 사람들에게 뿌려요. 길을 가다가 아무에게나 다가가 무작정 물총을 쏘고, 물을 퍼부어요. 물이 액운을 없앤다고 믿기 때문이에요.

이날만큼은 물총 싸움을 마음껏 할 수 있다니 살짝 흥미가 당기지요? 하지만 송끄란 축제 때 태국에 가면 사방에서 물세례를 받을 테니 단단히 각오하는 게 좋아요. 아마 거리로 나서자마자 물에 빠진 생쥐가 되고 말 거예요. '외국인이니까 좀 봐주겠지?' 하고 마음 놓아서도 안 돼요. 심지어 식당에서 밥을 먹다가도 난데없이 물세례를 받을 수 있어요.

물을 덜 맞는 방법은 상대방이 정신을 못 차리도록 같이 물총을 쏘는 거예요. 이럴 땐 기관총만 한 큰 물총을 가지고 있으면 정말로 든든하겠죠?

태국 수도 방콕에 가면 사람들이 가장 많이 모이는 카오산 로드라는 유명한 거리가 있는데, 이곳에 가면 물 2~3리터씩 들어가는 큰 물총을 쉽게 구입할 수 있어요. 카오산 로드에는 외국인들이 비교적 많이 모이기 때문에 물총 싸움을 신나게 즐길 수 있을 거예요.

단, 주의할 게 있어요. 난데없이 물세례를 받아도 절대 화를 내지 말아야 한다는 거예요. 태국 사람들은 아무리 물 폭탄을 맞아도 화를 내지 않아요. 물을 흠뻑 맞을수록 액운을 잘 막을 수 있다고 믿으니까요. 오히려 고마운 일이죠. 쉽게 말해서 '허가받은 물 전쟁'이라고 할 수 있어요.

그런데 1월 1일도 아니고, 태국은 왜 4월이 설날일까요? 우리나라가 음력 달력과 양력 달력에 따라

설이 두 번 있는 것처럼 태국도 태국력이라는 그들만의 달력이 있어요. 태국의 날씨와 기온, 지형, 건기와 우기 등 농사짓기 좋은 시기와 환경 등을 적용해서 만든 달력이죠. 이 달력을 보면 태국에 언제 봄이 오는

꽃장식을 한 축제장의 코끼리

향료를 섞은 물을 뿌려 주며 축복을 비는 모습

지, 언제 우기가 시작되는지, 언제 씨앗을 뿌려야 하는지 알 수 있어요.

태국력에 따르면 4월 13일이 건기에서 우기로 변하는 계절이자 본격적인 농사철을 맞이하는 시기예요. 또 태양의 위치도 양자리에서 황소자리로 움직이는 시기이고요. 그래서 태국 사람들은 4월 13일을 새해로 여긴답니다. 태양이 움직이는 날을 새해가 시작되는 날로 삼은 것이지요. '송끄란'이라는 단어의 뜻도 '움직인다'라는 뜻을 담고 있다고 해요.

태국에서는 새해를 맞으면 사람들의 복을 부르기 위해 향료를 섞은 물을 서로에게 뿌려 주던 풍습이 오래전부터 전해 내려왔는데, 오

새해맞이로 벌어지는 신나는 물총 싸움

늘날에는 물총 싸움으로 형태가 조금 바뀌었어요.

　모르는 사람들에게까지 물을 퍼붓는 물총 싸움이 당황스럽기도 하겠지만, 누구에게든 복을 빌어 준다는 점에서 보면 참 정다운 새해 맞이 행사라는 생각이 들어요.

　송끄란 축제에서는 살아 있는 생물들을 자연으로 돌려보내는 방생 의식을 치러요. 아무리 작은 생명이라도 죽여서는 안 된다는 불교의 가르침을 따른 의식이지요. 우리나라에도 불교를 믿는 사람이 많

코로 세차게 물을 뿌리는 코끼리

은데, 태국은 국민의 대부분이 불교를 믿어요. 그래서 송끄란 축제 때 집에 있는 어항의 물고기들을 풀어 주기도 하고, 일부러 새나 물고기를 구입하여 풀어 주기도 해요.

돈이 없는 태국 어린이들은 송끄란 축제의 방생 의식을 위해 꾀를 부리기도 해요. 태국에는 비가 많이 와서 자주 큰 홍수가 일어나곤 하는데, 홍수가 끝난 뒤 얕은 웅덩이에 갇힌 물고기들을 잡아다가 1년 동안 열심히 키워서 송끄란 축제 때 풀어 주는 것이지요.

송끄란 축제는 4월 9일부터 4월 20일 사이에 방콕, 치앙마이, 수코타이, 아유타야, 파타야, 푸껫 등 태국 전역에서 짧게는 3일, 길게는 일주일 정도 동시에 열려요. 이 중 태국 제2의 도시로 알려진 치앙마이에서는 가장 성대하게 송끄란 축제가 열려요. 유명하고 큰 절이 많은 데다 전통적으로 새해에 열리는 미인 대회도 치앙마이 송끄란 축제에서 열리지요.

방생 의식도 어여쁜 누나들이 물고기 통을 들고 나와 단체로 강에서 치르기 때문에 태국 남자들도 여자들을 보기 위해 덩달아 모여들어요. 거기다 태국 하면 빼놓을 수 없는 코끼리들과 함께 신나게 물싸움을 할 수도 있어요.

방콕 : 4월 9~15일
치앙마이 : 4월 12~15일
수코타이 : 4월 12~14일
아유타야 : 4월 13일
푸껫 : 4월 12~13일
파타야 : 4월 18~20일

각 지역에서 송끄란 축제가 열리는 기간이야.

참, 가장 중요한 걸 잊을 뻔했네요. 태국어로 새해 인사 정도는 알아두는 게 좋겠죠?

"사와디피마이!"

'새해를 진심으로 축하합니다!'라는 뜻의 새해 인사말이에요. 우리 친구들도 잘 외워 두었다 새해에 태국 사람들을 만나면 꼭 이렇게 인사하세요!

송끄란의 백미! 뺑! 뺑! 뺑!

" 송끄란 축제에서는 가면처럼 얼굴에 하얀 분칠을 한 사람들을 자주 볼 수 있어요. 하얀 분칠도 액운을 물리치는 태국의 풍습 중 하나예요. 태국 사람들은 이것을 '뺑'이라고 불러요. 보통 하얀 밀가루를 많이 사용하는데, 그냥 봐도 웃기지만 거기에 물 폭탄까지 맞으면 꼴이 말이 아니죠. 얼굴에 밀가루 반죽을 얹고 다니는 것 같으니까요. 그래서 태국 사람들은 요즘 들어서 하얀 분칠은 잘 하지 않아요. 그래도 외국 사람들은 곧잘 따라한다고 하니까 송끄란 축제에 가면 기왕 하는 거 '뺑'까지 하고 액운을 확실히 물리쳐 보세요. "

● 건기와 우기 | 건기는 기후가 건조한 시기이고, 우기는 1년 중 비가 많이 오는 시기이다. 우리나라는 사계절이 있는 온대 기후에 속하지만, 태국 같은 열대 기후에서는 내내 비가 내리지 않는 건기와 계속해서 비가 내리는 우기로 계절이 나뉜다.

고대 원형 경기장에서 오페라 공연을 즐기자!

이탈리아 베로나 축제

　이탈리아의 베로나 축제는 매년 여름 거대한 원형 경기장에서 열리는 환상적인 오페라 축제예요. 오페라는 쉽게 말하면 음악을 중심으로 한 16세기 이탈리아풍의 음악극이에요. 우리나라에서는 오페라가 그다지 대중적이지 않고 입장권도 비싼 편이지만 이탈리아에서는 오페라의 인기가 대단해요.
　유럽 사람들의 발상은 보면 볼수록 참 신선해요. 어떻게 수백, 수천 년 전에 조상들이 만들어 놓은 원형 경기장을 오페라 가수의 아름다운 노래가 울려 퍼지는 공연장으로 탈바꿈시킬 생각을 했을까요?
　축제의 무대가 되는 곳은 도시 한가운데에 자리 잡은 '아레나'라는 거대한 야외무대예요. 원래 아레나는 고대 경기장으로 건축된 곳인데, 오늘날은 야외 오페라 축제가 열림으로써 세계적인 관광 명소로 자리 잡게 되었지요. 아레나는 '모래'라는 뜻을 가진 라틴 어인데, 검투사들이 싸우면서 흘리는 피를 흡수하도록 모래를 깔아 놓는 데에서 유래한 이름이에요.

　　원형 경기장에 들어서면 사진으로 본 것보다 훨씬 더 웅장하고 고풍스러워요. 고대의 숨결을 그대로 간직한 거대한 경기장의 위엄에 순간적으로 압도당할 정도이지요. 무대에서 오페라가 울려 퍼질 때면 고대의 유령이 오페라에 감동해 오랜 잠에서 깨어나지 않을까 귀를 쫑긋 세우게 돼요.

아레나 무대에서 공연되는 오페라

베로나 오페라 축제는 제1차 세계 대전이 일어나기 직전 1913년 8월에 처음 시작되었어요. 조반니 제나텔로라는 이탈리아의 유명한 테너 가수가 이탈리아 출신 최고의 작곡가인 베르디 탄생 100주년을 기념하기 위해서 베르디의 작품 8곡을 공연한 것이 베로나 축제의 시작이에요.

베르디는 1813년에 태어나서 1901년에 세상을 떠났는데, 당시에는 베르디가 세상을 떠난 지 얼마 지나지 않았기 때문에 베르디 공연에 대한 호응이 더 뜨거웠지요.

베로나 축제는 제2차 세계 대전이 일어났던 몇 년을 제외하고는 지금까지 100여 년 동안 단 한 차례도 거르지 않고 꾸준히 이어져 왔어요. 수천 년을 이어 온 역사 유적지에서 펼쳐지는 명품 축제인 셈이지요. 이런 의미만으로도 베로나 축제는 이탈리아 사람들에게 자부심 넘치는 축제랍니다.

축제가 열리는 베로나는 아름다운 풍경과 고대 역사 유적지로도 유명한 도시예요. 동쪽으로는 베니스가, 서쪽으로는 밀라노와 연결되어 관광객들이 많이 찾는 관광 도시이지요.

베로나, 베로나, 부르기에도 느낌이 참 부드럽고 낭만적이죠? 베로나는 이탈리아 북부의 베네토 주에 속한 아름다운 고대 도시예요. 오랜 역사를 가진 유적지가 많아서 도시 전체가 세계 문화유산으로 지정되었어요. 전 세계 사람들에게 사랑받는 셰익스피어의 비극『로미오

와 줄리엣』의 배경이 된 도시이기도 하지요.

베로나 축제에서는 「아이다」, 「투란도트」, 「카르멘」, 「토스카」, 「리골레토」, 「나부코」 등 이탈리아의 대형 오페라 작품들을 주로 공연해요. 처음에는 베르디의 작품으로 시작했지만 지금은 다양한 명작을 새롭게 시도하기도 한답니다.

오페라 공연이 펼쳐지는 원형 경기장에는 한 번에 2만여 명이 들어갈 수 있어요. 원형 경기장의 한쪽을 전부 무대로 활용하고, 관객들은 무대를 향해 반원을 그리며 빙 둘러앉아 오페라 공연을 관람한답니다.

대개 오페라는 정장을 차려입고 엄숙한 분위기에서 관람하지만, 아레나 극장의 관객들은 비교적 자유로운 분위기에서 오페라를 감상해요. 관람석에는 정장이나 반바지를 입은 사람들이 두루 섞여 있고, 막간에는 커피나 샌드위치 등을 먹을 수도 있어요.

가장 매력적인 것은 오페라 공연을 보는 내내 머리 위로 별들이 쏟아질 것처럼 반짝이고, 시원한 바람이 공연장을 훑으며 지나간다는 사실이에요. 정말 낭만적이지요? 멀리서 보면 한여름 밤 고대의 경기장 광경이 한 폭의 그림처럼 아름다워 보인답니다.

아레나의 오페라 무대는 플라시도 도밍고와 루치아노 파바로티, 마리아 칼라스, 레나타 테발디, 호세 카레라스, 리카르도 무티 등 세계적으로 유명한 성악가들이 출연해 축제의 명성을 쌓는 데 한몫했어요.

물론 우리 친구들은 이런 세계적인 성악가들을 잘 모를 수도 있지만 오페라 공연을 좋아하는 어른들 사이에서는 꿈에서라도 만나고 싶은 이름난 예술가들이랍니다.

　축제 기간 중 모든 공연은 밤 9시에 시작해요. 그리고 전통에 따라 공연 시작 전에 경기장 객석에 빼곡히 앉은 관객들이 손에 든 촛불을 켜요. 오페라 지휘자와 연주자, 출연자에게 경의를 표하는 의식이지요. 고대의 유적 안에서 밝혀진 수만 개의 불빛들은 그 자체로 감동적이고 신비한 느낌을 준답니다.

오페라 관람을 위해 빼곡하게 꽉 들어찬 객석

촛불을 밝힌 원형 경기장

　두둥! 이제 본격적으로 오페라의 막이 올라요. 인공 음향 장치는 필요하지 않아요. 경기장 구조 자체가 커다란 울림통 역할을 하는데다, 오페라 가수의 풍부한 가창력 덕분이지요. 조명도 무대를 밝히는 조명과 관객들이 들고 있는 촛불이 전부예요. 이렇게 자연 그대로 맑은 밤하늘에 울려 퍼지는 오페라를 보지 못한다면 평생 두고두고 아쉬울 거예요.

　축제는 본격적으로 휴가철이 시작되는 매년 6월부터 8월까지 두 달가량 열려요. 이 기간 동안 베로나는 낮이면 역사 체험의 현장이 되고, 밤이면 아름다운 오페라의 도시로 변신을 해요.

참, 베로나 축제에 갈 때는 인터넷 홈페이지에서 오페라 공연의 일정을 꼼꼼하게 살펴봐야 해요. 두 달가량 진행되지만 매일 오페라가 무대에 오르는 건 아니거든요.

야외 공연이기 때문에 날씨에 따라 공연 일정이 달라질 수도 있으니까 베로나 축제 공식 홈페이지(www.arena.it)에서 일정을 꼭 확인하고 여행 계획을 세우도록 하세요.

 오페라를 보고 한목소리로 "맘마미아!"

"텔레비전이나 영화에서 사람들이 '맘마미아!'라고 외치는 모습을 본 적이 있나요? '맘마미아!'는 이탈리아 어로 '어머나!', '세상에 맙소사!', '어쩌면 저럴 수가!'라는 뜻의 감탄사예요. 그러니 멋진 오페라를 보고 감동의 물결이 밀려오면 벌떡 일어나서 용감하게 외쳐 보세요. "맘마미아!"

● 베르디 | 바그너와 함께 당대 최고의 오페라 작곡가로 꼽힌 이탈리아의 작곡가. 대표 작품으로는 「춘희」, 「리골레토」, 「아이다」, 「일 트로바토레」 등이 있다.

소몰이 축제야? 사람몰이 축제야?

스페인 산페르민 축제

    산페르민 축제는 스페인의 북부에 위치한 팜플로나라는 도시에서 매년 여름 일주일 정도 펼쳐지는 소몰이 축제예요. 우리나라 소들은 순하디순하지만, 스페인의 소들은 거칠고 난폭해서 소몰이가 시작되면 무조건 뒤도 돌아보지 말고 줄행랑을 쳐야 해요.

    산페르민 축제를 소개하기 전에 헷갈리는 명칭부터 정리할게요. 대개 사람들은 산페르민 축제에 대해 물을 때 다음과 같이 질문해요.

    "산페르민에서 열리는 소몰이 축제는 언제부터 시작해요?"

    하지만 산페르민은 사람의 이름이고, 축제가 열리는 도시의 이름은 팜플로나예요. 그래서 사람들은 쉽게 '산페르민 축제', '팜플로나 축

제', 또는 그냥 '소몰이 축제'라고 하지요. 정식 명칭은 '산페르민 축제'예요.

산페르민 축제의 명칭은 팜플로나 시의 수호 성자이자 3세기 말 팜플로나의 성직자였던 이탈리아 출신 산페르민이라는 사람의 이름에서 유래했어요. 스페인의 축제인데 이탈리아 출신 성직자의 이름을 따서 만들었다니 좀 의외죠?

이탈리아 출신의 성직자인 산페르민은 스페인 전역을 돌면서 선교 활동을 했는데, 불행하게도 팜플로나에 도착하자마자 억울하게 누명을 쓰고 순교하고 말았어요. 이때 처형자들은 잔인하게도 산페르민이 죽을 때까지 황소에 매달아 끌고 다녔다고 해요.

그 후 팜플로나에서는 산페르민을 팜플로나의 수호 성자로 정하고, 그의 순교를 기리기 위해 16세기경부터 축제를 열었어요. 원래 산

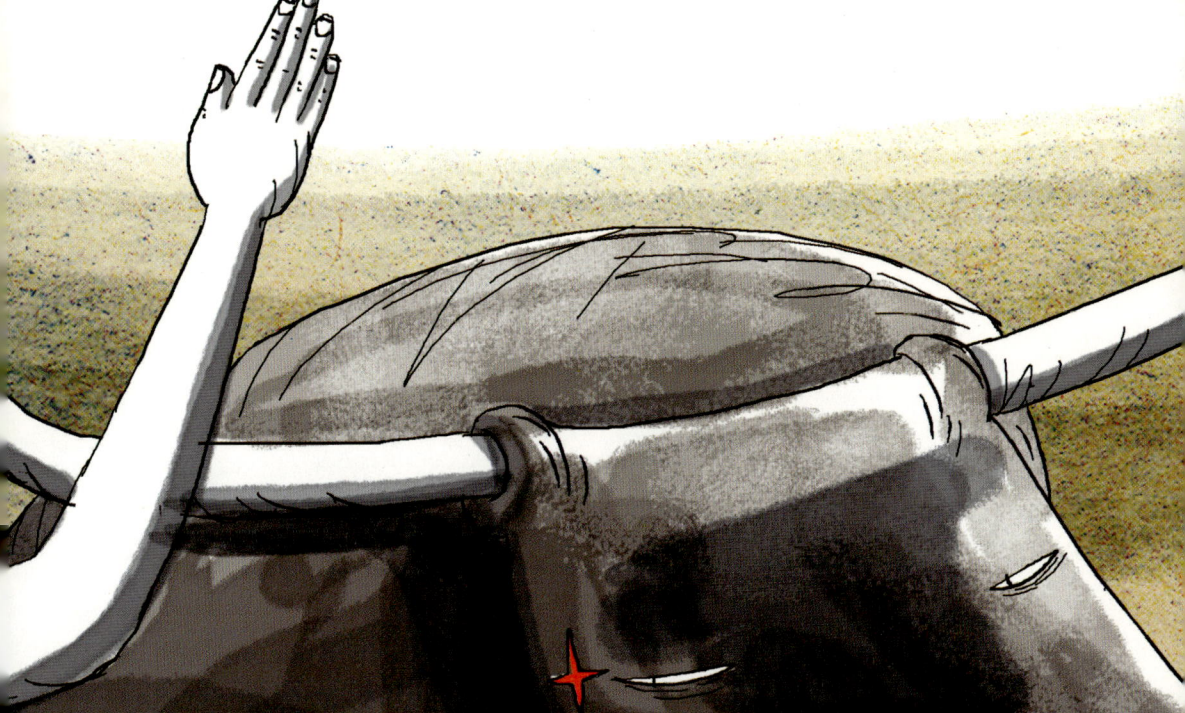

페르민의 축일은 7월이 아니라 10월 10일이지만, 이때는 우기라서 주교의 허락 아래 7월로 축제일을 옮겼지요. 이것이 오늘날 세계적인 소몰이 축제의 시작이 되었답니다.

　산페르민 축제는 7월 6일 0시(자정)부터 시작돼요. 시청 발코니에서 '산페르민 만세'라는 소리가 울려 퍼지고 거대한 폭죽에 불이 붙는 게 축제의 시작을 알리는 신호예요. 그러면 광장에 모인 사람들이 일제히 환호성을 지른답니다. 그러고는 밤새 춤을 추고 술을 마시며 거리를 돌아다녀요.

　축제 기간 동안 광장이나 공원에서 노숙하는 사람들을 보는 것도 익숙해요. 50만 명이 넘는 관광객이 몰리기 때문에 이때만큼은 거리에서 잠을 자는 것을 허용하지요.

사람들 사이로 무섭게 돌진하는 황소

산페르민 축제에서 가장 인기 있는 행사는 투우 경기예요. 축제 기간 중에 열리는 투우 경기는 입장권이 다 팔릴 정도로 인기가 높아요. 하지만 투우 경기보다 더 인기 있는 건 따로 있어요. 경기장에서 정식으로 투우가 열리기 전에 거리에서 펼쳐지는 소몰이 행사랍니다.

황소의 추격을 피해 달리는 사람들

소몰이 행사는 만 18세 미만인 미성년자는 참가할 수 없어요. 밥 많이 먹고 더 커서 오라는 거죠. 술을 먹고 참가하는 것도 안 돼요. 그리고 일부러 소들을 자극하는 행동도 금지예요.

붉은 물결을 이룬 정열적인 스페인 사람들

7월 6일 아침 8시가 되면 참가자들은 하얀 옷에 붉은색 스카프를 두르고 소몰이가 시작되는 거리로 입장해요. 소몰이 행사가 시작되기 전, 참가자들은 수호 성자인 산페르민에게 기도의 노래를 세 번 부르며 도움을 구해요.

드디어 산페르민 성당의 종소리에 이어 첫 번째 총성이 울리면 소몰이 행사가 시작돼요. 성난 황소들을 가둔 우리 문이 활짝 열리고, 두 번째 총성이 울리면 황소들이 거리로 뛰쳐나와요.

황소들은 산토도밍고부터 투우장까지 무려 850미터의 좁은 골목길을 거침없이 내달려요. 위아래 하얀 옷을 입고 붉은 스카프와 띠를 두른 소몰이꾼들도 날뛰는 소들과 뒤엉켜 좁은 골목을 빠르게 달리지요. 그야말로 '거리 투우'가 화끈하게 벌어지는 거예요.

쫓고 쫓기는 숨 막히는 질주와 머리털이 곤두서는 듯한 긴장감, 사람들의 큰 함성 소리로 팜플로나는 온 도시가 금방이라도 열기로 터질 것만 같아요.

한번 상상해 보세요. 600킬로그램이 넘는 성난 황소들이 등 뒤에서 바짝 쫓아온다면 얼마나 무서울까요? 소몰이 축제라고 하지만 직접 가서 보면 소가 사람을 모는 사람몰이 축제 같아요. 겁에 질린 참가자들은 바짝 뒤쫓아 오는 황소의 뿔에 받히지 않으려고 펄쩍펄쩍 뛰고 도망치느라 정신이 하나도 없어요. 울타리 밖에서 보는 사람들도 아찔할 정도이지요.

해마다 소의 뿔에 찔려 넘어지거나 소 떼에 밟히는 사람이 셀 수 없고 심지어 죽는 사람도 있지만, 축제의 열기는 전혀 사그라지지 않아요. 오히려 자신의 용맹함을 과시하듯 '거리 투우'에 참가하고 싶어서 신청하는 사람들이 해마다 늘어난다고 해요.

황소들이 투우장에 모두 들어갔다는 것을 알리는 세 번째 총성이 울리면 그것으로 소몰이 행사는 완전히 끝이 나요. 이쯤 되면 진정을 하냐고요? 천만에요. 투우장 안에서 본격적인 투우 경기가 펼쳐진답니다. 사람들은 거리에서의 흥분을 그대로 안고 투우장 안으로 입장을 해요. 이렇게 축제가 열리는 일주일 동안 하루도 빠짐없이 '거리 투우'를 진행하지요.

산페르민 축제에서 또 하나의 볼거리는 거인 인형 퍼레이드예요. 팜플로나 시의 시장과 의원들이 커다란 거인 인형들과 행진을 하는데, 특이하게도 이들은 솜뭉치로 된 방망이를 들고서 아무나 때려요. 누구든지 구경꾼이 아닌 축제의 참가자가 되도록 부추기는 것이지요.

사실 산페르민 축제가 세계적으로 알려지게 된 것은 『노인과 바다』를 쓴 미국 소설가 어니스트 헤밍웨이 덕분이에요. 유럽 여러 도시를 여행하던 헤밍웨이는 팜플로나에 왔다가 소몰이 축제를 보고 직접 소몰이꾼이 되어 참가할 정도로 흥분했답니다. 물론 헤밍웨이는 달리기에 별로 소질이 없었기 때문에 이리저리 도망치느라 혼쭐이 났을 거예요. 하지만 그 뒤 10년 동안 매년 산페르민 축제를 찾은 걸 보면 얼마나 열광적인 팬이었는지 알 수 있겠죠?

산페르민 축제에서 영감을 받은 헤밍웨이는 미국으로 돌아와 『그래도 태양은 다시 떠오른다』라는 소설을 써서 큰 인기를 얻었고, 덩달아 팜플로나의 산페르민 축제도 전 세계적으로 주목을 받았답니다. 팜플로나에 가면 헤밍웨이를 기리는 기념비도 있어요.

구경 중에서도 싸움 구경이 제일 재미있다고 하는데, 그 때문인지 매년 산페르민 축제를 보기 위해 수많은 관광객이 팜플로나를 찾아온다고 해요.

물론 부상자가 속출하는 위험천만한 소몰이 축제에 대한 반대 의견도 무척 많아요. 하지만 축제 덕분에 팜플로나의 모든 식당과 숙박업소는 지금도 발 디딜 틈이 없고, 해가 갈수록 열기가 더해지고 있다는 사실!

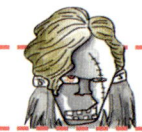

굶지 않으려면 시에스타는 피해야

"시에스타는 날씨가 더운 이탈리아, 스페인, 그리스 등의 지중해 연안과 라틴 아메리카 나라들에 있는 낮잠 풍습이에요. 한낮에 너무 뜨거워서 일을 하기 힘들기 때문에 그 시간에는 잠시 낮잠을 자고 새벽이나 저녁에 더 많이 움직이는 거예요. 그런데 문제는 이곳을 찾는 관광객들이에요. 음식을 사 먹고 싶어도 시에스타 시간이라고 해서 모든 상점들이 모두 문을 닫고 있으면 얼마나 황당하겠어요. 그러니 팜플로나에 가면 점심을 꼭 제시간에 챙겨 먹거나 시에스타 시간 전에 미리 먹을 것을 사 둬야 해요. 최근 스페인에서는 관공서의 시에스타는 폐지했지만 그래도 수천 년 동안 이어 온 풍습이라 일반 사람들 사이에서는 여전히 행해지고 있어요. 멀리 스페인까지 여행 가서 굶지 않으려면 시에스타 시간은 잘 알아두는 게 좋겠죠?"

영하 20도의 추위에 목욕하는 괴짜들이 있다고?

캐나다 퀘벡 겨울 축제

매년 1월이 되면 캐나다의 퀘벡에서는 북아메리카에서 가장 크고 화려한 겨울 축제가 열려요. 캐나다는 러시아에 이어 세계에서 국토가 두 번째로 넓은 나라예요. 북아메리카 대륙의 북쪽 끝에 자리하고 있어 상대적으로 겨울이 일찍 오고 늦게까지 추위가 계속되는 나라이기도 하지요.

퀘벡은 캐나다의 동부 해안에 있는 도시예요. 캐나다에서 가장 오래된 도시로도 유명하지요. 바다를 통해 침략해 오는 적들을 막기 위해 돌로 쌓은 성벽이 도시를 둘러싸고 있는데, 그 자체가 멋진 경관을 만들어 낸답니다.

퀘벡 겨울 축제는 1월 중순부터 2월에 걸쳐 대략 2주 동안 펼쳐져요. 눈으로 만든 버스와 미끄럼틀, 빙벽 타기, 야외 눈 목욕탕, 빙판 미니 골프, 개썰매, 야간 퍼레이드까지 눈으로 뒤덮인 겨울 도시에서 눈으로 할 수 있는 모든 놀이를 할 수 있어요.

퀘벡 겨울 축제는 1955년부터 정식으로 개최되었어요. 하지만 퀘벡에는 이보다 훨씬 전부터 겨울 놀이 풍습이 전해 내려오고 있었어요. 1894년 퀘벡 주민들은 긴 겨울의 지루함을 달래기 위해 소박하게 잔치를 벌였어요. 이때 눈 위에서 할 수 있는 놀이들을 하면서 잔치의 흥을 돋우었지요.

그렇게 한 해, 두 해 치르던 겨울 놀이가 지금은 아메리카 대륙 최대의 겨울 축제로 성장하게 되었어요. 이로 인해 축제에 대한 퀘벡 사람들의 애정과 자부심도 한층 커졌지요.

축제의 마스코트 본옴이 지내는 얼음성

캐나다는 미국의 북쪽으로 넓게 펼쳐진 영국 연방 국가예요. 그런데 퀘백 사람들은 신기하게도 90퍼센트 이상이 영어가 아닌 프랑스어를 사용해요. 이건 캐나다와 퀘벡의 역사를 살펴보면 이유를 알 수 있어요.

16세기 무렵 처음 퀘벡에 정착한 유럽인은 프랑스 사람들이었어요. 그 뒤에는 영국 사람들도 들어와 살았는데, 프랑스와 영국은 퀘벡을 두고 여러 번 싸웠어요. 결국 영국이 이겨서 퀘벡은 영국 땅이 되었다가 영국 식민지였던 캐나다가 독립하면서 캐나다 땅이 되었지요. 퀘백의 역사가 한눈에 들어오지요?

과정이야 어찌 되었건 지금까지도 퀘벡에는 프랑스에서 넘어온 사람들이 대대손손 살고 있어요. 그러다 보니 캐나다가 영국 연방 국가임에도 불구하고 퀘벡만큼은 90퍼센트 이상이 프랑스어를 사용하고 프랑스 문화의 영향이 짙게 배어 있어요. 마치 작은 프랑스에 온 듯한 착각을 불러일으킬 정도이지요. 거리의 표지판이나 상점 간판들까지도 프랑스어로 되어 있어요. 만약 퀘벡으로 여행을 가고 싶다면 프랑스어 몇 마디는 배워서 가야 할 거예요.

캐나다 퀘벡 겨울 축제에서 사람들에게 가장 인기를 끄는 종목은 '스노 배스'라는 눈 목욕이에요. 퀘벡 사람들이 대부분 프랑스어를 쓴다고 했는데 이건 영어 명칭이네요. 하지만 스노 배스로 워낙 널리 알려져 있어서 별로 따지는 사람이 없어요.

눈 목욕은 영하 20도를 넘나드는 추운 야외에서 수영복만 입고 눈으로 목욕을 하는 행사예요. 영하 20도면 가만히 있어도 이가 덜덜 떨릴 텐데 수영복만 입고 눈밭에서 데굴데굴 구르고 땀이 나도록 춤을 추다니, 아무리 생각해도 괴짜들이에요.

재미있는 사실은 눈 목욕을 하겠다고 나서는 사람들이 항상 넘쳐난다는 점이지요. 우리나라에서는 체력 단련을 위해 운동선수나 군인들만 눈밭을 뒹구는데 퀘벡에서는 축제를 통해서 아무나 이렇게 눈 목욕을 즐긴답니다.

가끔 급격한 온도차 때문에 심장마비를 일으키는 사람도 있어요. 그래서 눈 목욕에 참가하려면 신청서를 낸 뒤 심장 등에 문제가 없는지 신체검사를 꼭 받도록 규정하고 있어요.

아차, 캐나다 겨울 축제에서는 눈의 요정을 볼 수 있어요. 요정처럼 예쁘냐고요? 아쉽게도 이 요정은 뚱보 눈사람을 닮았어요. 축제의 마스코트인 이 눈사람을 프랑스어로 '본옴'이라고 부르는데, '좋은 사람'이라는 뜻이라고 해요.

산타클로스 모자를 쓴 눈사람 모양의 본옴은 축제장 중심에 위치한 얼음 궁전의 주인이자 축제의 총지휘자 역할을 해요. 축제가 시작되기 전에 본옴은 퀘벡 시장으로부터 통치권을 상징하는 열쇠를 넘겨받아요. 그런 뒤 시내 중심에 있는 얼음 궁전으로 들어가 지내면서 축제 기간 내내 임무를 성실하게 수행해요.

본옴은 축제장 곳곳을 누비며 관광객들과 기념사진을 찍고 댄스 파티에서 앞장서서 흥겨운 분위기를 만들어요. 가끔은 사람들 무리에

배 위에 올라탄 보놈과 어린이들의 퍼레이드

섞여 얼음 썰매도 타고 맛있는 것도 사 먹는답니다. 다들 어울려 노는데 보놈만 외롭게 얼음 궁전에 갇혀 있을 순 없으니까요.

한 가지 놀라운 사실은 보놈이 축제 기간 동안 지내는 얼음 궁전을 제작하는 기간만 꼬박 두 달이 걸리고, 얼음이 무려 9,000톤이나 필요하다는 거예요.

하얼빈 빙등제에 필요한 얼음을 근처 쑹화 강에서 가져오는 것처럼 퀘벡 겨울 축제에 필요한 얼음은 근처의 세인트로렌스 강에서 가져와요. 이 많은 얼음을 얼릴 냉장고도 없는 데다, 냉장고가 있다 하더

110 놀면서 배우는 세계 축제

라도 전기 요금이 만만치 않을 테니까요. 이밖에도 퀘벡 겨울 축제는 겨울 추위를 잊게 하는 행사들이 다양해요.

전 세계에서 찾아온 예술가들이 얼음과 눈으로 멋진 조각들을 만들고, 아이들은 얼음 슬라이드를 타거나 얼음 미로를 탈출하는 놀이에 추운 줄도 몰라요. 구시가지에서 열리는 개썰매 경주나 세인트로렌스 강에서 펼쳐지는 카누 경기도 스노 배스만큼이나 인기가 많은 스포츠 종목이에요.

긴 겨울나기가 지겨워 몸살이 날 것 같은 친구들이 있다면, 캐나다 퀘벡에서 열리는 겨울 축제에 가 보라고 권하고 싶어요. 공부하면서 쌓였던 스트레스가 싹 달아날 테니까요.

마지막 날 밤에 펼쳐지는 거리 퍼레이드

" 퀘벡 겨울 축제에서는 거리 퍼레이드를 두 번 진행해요. 축제가 시작되는 첫날 밤에 한 번 하고, 축제의 마지막 날 밤에 더 화려한 두 번째 퍼레이드를 해요. 이때 다양한 거리 공연과 불을 이용한 마술 공연을 하고, 피에로 분장을 한 수많은 사람들이 퍼레이드 행렬을 따르지요. 피곤하다고 마지막 날 일찍 잠들었다가는 후회할지 모르니까 꼭 기억하고 있다가 마지막까지 신나게 즐기세요. "

chapter 3

기상천외한 세계의 축제

다양하고 놀라운 동물 축제

인도 푸쉬카르 낙타 축제

　푸쉬카르 낙타 축제는 매년 10월 말과 11월 초에 열리는 지상 최대의 동물 축제인 동시에 낙타를 사고파는 가축 시장이기도 해요.

　인도 사람들은 소를 숭배해서 소를 가장 중시하지만 낙타도 그에 못지않게 중요하게 여겨요. 건조한 사막이 많은 인도에서 운송 수단으로 이용되는 낙타는 물을 조금만 먹어도 오랫동안 잘 견딜 수 있거든요. 등에 뾰족하게 솟은 혹에 양분을 저장해서 뜨거운 사막에서도 며칠 동안 먹이나 물 없이도 견딜 수 있지요. 또한 모래에서도 잘 빠지지 않고 걸을 수 있는 독특한 발굽을 가졌어요. 인도 사막 지대에서 낙타가 인기 짱인 이유를 알겠지요?

푸쉬카르는 인도의 서북부에 위치한 힌두교의 성지예요. 푸쉬카르에는 창조의 신인 브라흐마의 사원이 있답니다. 푸쉬카르 마을이 생겨난 설화도 여기에서 유래했어요.

창조의 신 브라흐마가 악마와 전투를 벌이던 도중에 무기로 쓰던 연꽃 세 잎이 땅에 떨어졌는데, 그중 가장 소중한 연꽃이 떨어진 자리에서 물이 솟으며 호수가 되더니 아름다운 연꽃이 피었답니다. 이때 연꽃이 떨어진 장소가 바로 푸쉬카르였다고 해요. 실제로 푸쉬카르에는 마을 가운데에 아름다운 호수가 있답니다. 축제 기간이 되면 많은 사람이 성지 순례의 의미로 푸쉬카르를 찾아와 이 호숫가에서 몸을 깨끗이 씻으며 자신의 죄를 씻는다고 해요.

브라흐마를 모시는 사원이 있는 푸쉬카르는 도시 자체가 성지예요. 그 때문에 푸쉬카르 사람들은 고기, 달걀 등의 육류를 먹지 않고 있어요. 물론 술도 팔지 않아요.

세계에서 가장 큰 낙타 시장인 푸쉬카르 낙타 축제

모든 요리는 채소와 곡식으로만 해요. 하지만 푸쉬카르의 창의적인 요리사들은 감자를 으깨고 콩을 굳혀서 음식에서 고기 맛이 나고 고기를 씹는 것처럼 느낄 수 있도록 요리한다고 해요.

푸쉬카르 낙타 축제는 역사가 100년이 넘어요. 그만큼 인도 사람들에게는 없어서는 안 될 중요한 축제이자 가축 시장인 셈이지요. 특히 푸쉬카르의 주변에 있는 '타르'라는 사막에서 많은 낙타를 사고팔아요. 낙타 축제도 타르 사막의 넓은 초원에서 열린답니다.

축제 기간에는 낙타가 3만 마리가 넘게 모여요. 이때 낙타 이외에도 말, 소, 염소, 당나귀 등 온갖 가축들이 시장에 나와요. 가축 주인이나 상인들, 축제를 구경하러 모여든 사람들까지 발 디딜 틈이 없을 정도예요. 가끔 사막의 모래 바람과 팔려 가기 싫은 낙타들의 뒷걸음질로 자욱한 먼지에 뒤덮이기도 해요. 하지만 그 모습도 누군가 그림을 그려 놓은 듯 몽롱한 아름다움을 만들어 내요.

푸쉬카르 낙타 축제에서 가장 흥미로운 볼거리는 뭐니 뭐니 해도 낙타 경주예요. 훈련을 잘 받은 낙타들이 화려하게 장식을 한 채 모래 바람을 일으키며 경주하는 모습이 장관이에요.

안장, 고삐 등을 호사스럽게 장식한 낙타들의 퍼레이드와 함께 최고의 낙타를 가리는 대회도 열려요. 그런데 인도에서는 어떻게 생긴 낙타가 잘생긴 낙타일까요? 일단 윤기가 반지르르 흐르는 털과 예쁜 눈썹을 갖고 있어야 예쁜 낙타래요. 눈썹이 예뻐야 비싼 낙타라니 인도 낙타들도 미용에 신경 좀 써야겠네요. 어디에서나 마찬가지겠지만 낙타 시장에서도 건강하고 잘생긴 낙타가 비싸게 팔려요.

예쁜 낙타 선발 대회에 나선 낙타

참, 낙타 축제에서는 이제 갓 어른이 된 낙타들의 성인식도 치러요. 낙타의 몸을 화려한 색실로 치장하고 코뚜레를 하여 비로소 어른 낙타가 되었음을 알리는 거예요. 코뚜레가 많이 아플 텐데 낙타들은 한 번 크게 울고 나서 금세 아무렇지 않은 듯 조용해져요. 낙타들이 우는 소리를 들

피리 소리에 따라 춤을 추는 코브라

어 봤나요? 똑같이 따라 하지는 못하겠지만 잘 들어 보면 "꾸우우우 엑!" 이렇게 들려요.

축제 기간에 푸쉬카르를 여행하다 보면 큰 자루에 낙타의 똥을 들고 다니면서 손으로 만지작거리는 사람들을 만날 수 있어요. 왜 더러운 똥을 만지는지 소스라치게 놀라겠지만 이유를 알고 나면 고개를 끄덕이게 될 거예요.

낙타 똥은 잘 말려서 연료로 사용하면 냄새도 안 나고 모기도 쫓아주는 요긴한 재료가 되기 때문이에요. 그래서 낙타 시장에서는 낙타들이 똥을 싸면 동네 어린이들과 아낙네들이 낙타 똥을 주워 호빵처럼 만드는 모습을 자주 볼 수 있어요. 정말 냄새가 나지 않고 효과가 좋은지 궁금해지지요?

11월 축제를 놓쳤다면 1월 낙타 축제로!

> 푸쉬카르에서 버스를 타고 3시간쯤 가면 바카네르라는 작은 마을이 있는데, 이 마을에서도 매년 1월에 낙타 축제가 성대하게 열려요. 바카네르는 인도에서도 낙타 농장이 많기로 유명한 곳이라 낙타 축제뿐 아니라 '낙타 농장 체험', '낙타 타고 사막 체험하기'와 같은 프로그램들이 많답니다. 푸쉬카르 축제를 놓쳤다면 바카네르 축제에 가서 낙타를 실컷 구경하세요.

● 브라흐마 | 힌두교의 신화에는 창조, 유지, 해체를 담당하는 세 신이 등장하는데, 브라흐마는 그중 창조의 신이다. 유지의 신은 비슈누, 해체의 신은 시바이다.

베트남 코끼리 달리기 축제

집채만 한 코끼리 등에 올라타 신나게 달린다면 기분이 어떨까요? 코끼리들이 운동회를 한다면 어떤 모습일까요? 쿵! 쿵! 쿵! 엄청난 진동 때문에 땅이 금방 꺼질지도 몰라요.

베트남의 중부에 있는 므농 족의 코끼리 축제에 가면 이런 장관을 구경할 수 있답니다. 베트남의 코끼리 달리기 축제는 3월 초순경에 열려요. 베트남 중부의 부온돈이라는 작은 마을에서 30년이나 이어진 전통 축제이지요. 하지만 매년 열리는 건 아니에요. 코끼리 달리기 축제는 2년에 한 번만 열리지요. 만약 코끼리 달리기 축제를 구경가고 싶다면 축제가 열리는 해인지 아닌지 꼭 확인하고 가야 해요.

그런데 코끼리 달리기 축제가 열리는 부온돈 마을까지 가는 길이

만만치가 않아요. 떠나기 전에 지도로 베트남의 중부에 위치한 닥락 성이라는 지역을 찾아봐요. 커피가 많이 나기로 유명한 이 닥락 성까지 가서 다시 버스를 갈아타고 70킬로미터 정도 시골로 들어가면 코끼리 달리기 축제가 열리는 부온돈 마을로 들어갈 수 있어요. 찾아가는 길이 좀 힘들긴 하지만, 가는 길에 원숭이와 코끼리 등을 실컷 볼 수 있으니 따분하지도 않고 나름 재미가 있어요.

　원래 코끼리 달리기 축제는 이 지역에 살던 부족들이 남긴 풍습이었다고 해요. 축제가 열리는 부온돈 마을에는 예부터 야생 코끼리 사냥에 능한 므농 족이 살고 있었는데, 그들을 기리는 풍습이 전해 내려오다 베트남을 대표하는 축제로 자리 잡은 것이랍니다. 므농 전사들의 정신을 계승하기 위한 축제인 셈이지요.

　베트남 정부에서도 이 마을의 전설과 므농 족의 후예들을 보존하

기 위해서 지원을 아끼지 않아요. 국가적인 축제가 된 것이지요.

　인도 푸쉬카르 지역에서 낙타가 매우 중요하듯이 베트남 닥락 성에서도 코끼리는 운송 수단으로서 중요한 동물이에요. 베트남 닥락 성 지역은 고산 지대인 데다 밀림이 우거져 사람들의 이동이 쉽지 않아요. 그렇기 때문에 이 지역 사람들에게는 코끼리가 사람과 자원을 운송하는 중요한 교통수단이 된답니다. 특히 밀림의 나무를 잘랐을 때, 무거운 목재를 숲에서 운반하는 건 오로지 코끼리만이 할 수 있지요.

　코끼리 달리기 축제는 이 마을에 있는 넓은 호숫가 옆에서 치러져

베트남에서 중요한 이동 수단인 코끼리

요. 코끼리 경주를 위해서 20~30마리의 코끼리가 한꺼번에 출발선에 서서 신호를 기다리는데, 얼마나 듬직하고 멋있는지 몰라요. 보통 코끼리 한 마리에 두 명이 올라타요. 이렇게 셋이 한 팀이 되는 거죠. 출발을 알리는 나팔이 울리면 출발선에서 대기하고 있던 코끼리들이 등에 올라탄 선수의 발짓에 따라 한꺼번에 달리기 시작해요.

구경하는 사람들은 코끼리 등에 붙은 번호표를 보고 좋아하는 코끼리의 승리를 응원해요. 코끼리들도 응원 소리를 무척 좋아하는지 달리면서도 코를 번쩍 들고 호응을 해요.

이때 객석에서는 순간적으로 지진이 난 듯한 공포에 빠지기도 해요. 코끼리 군단이 한꺼번에 달리기 시작하면 온 천지가 요동을 치거든요. 그래도 아름다운 호숫가에서 펼쳐지는 우람한 코끼리 군단의 운동회는 다시 보고 싶은 명장면이랍니다.

대표적인 아시아 코끼리 축제

" 아시아의 다른 지역에서도 코끼리가 주인공인 축제들이 있어요. 2월 말에 열리는 라오스의 '산야부리 코끼리 축제'는 코끼리 보호를 위한 축제예요. 태국의 '수린 코끼리 축제'는 11월 셋째 주말에 열려요. 축제에 가면 태국 코끼리들을 실컷 볼 수 있어요. 7월 말에 열리는 스리랑카 '페라헤라 축제'도 대표적인 코끼리 축제예요. 불교 축제이지만, 코끼리 퍼레이드가 장관이랍니다. "

벨기에 고양이 축제

고양이를 건물 옥상에서 던지다니! 세상에 이런 기상천외한 축제가 있을까요? 오랜 옛날 유럽에서는 수백 년 동안 고양이를 던지는 나쁜 관습이 실제로 있었다고 해요. 귀엽고 사랑스러운 고양이에게 정말 잔인한 일이죠?

아주 옛날 벨기에 사람들은 고양이를 전염병을 퍼뜨리고 다니는 사악하고 못된 동물로 여겼다고 해요. 그래서 집에서도 절대 길러서는 안 된다고 생각했답니다. 이런 취급을 받기에 고양이들 입장에서는 매우 억울하겠지만요.

고양이 축제가 열리는 벨기에 이프르 지역은 섬유 무역으로 유명한 도시여서 대형 섬유 창고가 많았어요. 이즈음 유럽은 쥐 떼가 극성을 부리고 있었는데, 이프르 사람들에게도 쥐 떼는 큰 골칫거리였어요. 쥐들이 섬유 창고에까지 들어와 옷감들을 갉아 먹고 망쳐 놓았기 때문이지요.

이프르 사람들은 쥐의 천적인 고양이를 모아 창고를 지키도록 했어요. 고양이가 창고를 지킨 뒤부터는 쥐들이 고양이 울음소리를 듣고 섬유 창고에는 얼씬도 하지 않았어요.

그런데 문제는 그다음에 일어났어요. 섬유를 다 팔고 난 뒤 고양이가 더 이상 필요하지 않게 된 거예요. 집에서 키우기도

꺼림칙했지요. 사악한 동물이라 집에서는 절대 길러서는 안 된다고 여겼으니까요.

　고양이들을 어떻게 할까 고심하던 사람들은 동네에서 제일 높은 10층 높이의 종탑에 올라가 공포에 떠는 고양이들을 땅으로 떨어뜨렸답니다. 어휴, 어쩌면 이토록 잔인할 수가 있을까요? 고양이를 미워하고 마을에 돌아다니는 고양이를 잡아서 던지는 풍습은 안타깝게도 1800년대 초까지 전해 내려왔어요. 고양이들에게 벨기에는 지옥과 같은 공포의 나라였을 거예요.

　세월이 흐르고 고양이도 강아지처럼 예뻐하는 사람들이 생기면서 고양이가 사악한 동물이라는 편견도 없어졌어요. 물론 고양이를 지붕에서 던지는 풍습도 없어졌고요.

　하지만 벨기에 사람들은 이 풍습을 기념하기 위한 새로운 놀이를 시작했어요. 고양이 대신 고양이 인형을 던지는 축제를 만들어서 잘못된 풍습을 반성하고 고양이들에게 그동안의 미안함을 표현한 거죠. 고양이들 입장에서는 사람들이 병 주고 약 주는 변덕쟁이로 보일지도 모르겠네요. 한편으로는 하늘에서 떨어지는 고양이 인형을 보고 고양이들이 썩 유쾌하지도 않을 것 같아요.

　벨기에 고양이 축제는 3년에 한 번씩 벨기에의 서부 국경 근처에 있는 이프르라는 작은 도시에서 5월 두 번째 일요일에 열려요. 1991년까지는 매년 열렸지만 지금은 3년에 한 번 열려요. 매년 열리지 않는 대신, 그만큼 더 알차고 풍성한 볼거리들을 준비하고 성대하게 축제를 개최한답니다.

고양이 축제가 열리면 도시는 그야말로 고양이 천지가 돼요. 고양이 퍼레이드도 한답니다. 아름다운 드레스를 입은 건물 4층 높이의 거대한 고양이 여왕이 등장하고, 신사복을 입은 거대한 고양이 신사도 거리를 활보하죠. 또 고양이 분장을 한 많은 사람들이 거대한 고양이 트럭을 타고 퍼레이드를 펼쳐요.

퍼레이드 마차를 끄는 대형 고양이 인형

웬만한 건물 높이보다 큰 고양이 인형

어린이들은 귀여운 생쥐 옷을 입고 이리저리 뛰어다니면서 고양이들을 즐겁게 해 주어요. 거리의 상점에도 고양이가 좋아하는 음식이나 고양이 모양 기념품들로 가득하답니다. 이쯤 되면 고양이들의 기분도 풀어질까요?

본격적인 축제는 일요일 대낮에 시작하지만 전날 밤인 토요일 오후부터 "야옹! 야옹!" 하면서 온 동네 사람들이 거리를 활보하며 고양이 축제를 즐겨요. 그렇다고 우리 친구들은 너무 늦은 시간까지 돌아다니면 안 되겠지요? 한 맺힌 고양이의 혼령들이 잡아갈지도 모르니까요.

퍼레이드 중인 고양이 여왕

하늘에서 고양이 인형이 떨어진다고?

" 고양이 축제에 가면 하늘에서 고양이 인형들이 우수수 떨어져요. 오랜 옛날 높은 건물에서 고양이를 던져 죽게 했던 미안함을 표시하기 위해 고양이 축제일이 되면 고양이 인형 수백 마리를 종탑 위에서 한꺼번에 던진답니다. 하늘에서 쏟아지는 고양이 인형이라니! 상상만 해도 재밌지요? 축제 당일, 고양이 퍼레이드가 열릴 때 갑자기 떨어지니까 가끔씩 하늘도 올려다보세요. 운 좋으면 예쁜 고양이 인형 한 마리쯤은 공짜로 얻을 수 있을 테니까요. "

기상천외한 세계의 축제

용감무쌍한 전쟁놀이 축제

노르웨이 바이킹 축제

매년 5월이 되면 북유럽에 위치한 노르웨이 오슬로는 손님을 맞을 준비로 매우 분주해져요. 바로 5월 17일 바이킹 축제가 돌아오기 때문이지요. 이날은 노르웨이의 선조인 바이킹을 기념하는 날이에요. 또한 1814년 노르웨이 민족이 독립을 선포하고 정부가 수립된 역사적인 날이기 때문에 더욱 의미 있는 날이에요. 우리나라로 치면 개천절, 광복절, 제헌절을 모두 합친 것 같은 중요한 날이지요.

역사 속의 바이킹들은 배를 타고 바다를 돌아다니다가 1년에 한 번씩 고향인 카르뫼위로 돌아와 일주일 동안 머물면서 축제를 즐겼다고 해요. 이 축제가 오늘날의 노르웨이를 대표하는 바이킹 축제가 되었지요.

바이킹을 '바다의 해적'이라고 알고 있는 친구들도 많을 거예요. 그런데 정말로 바이킹이 해적일까요? 지금까지도 바이킹의 정체를 두고 의견이 많이 나뉘지만, 사실 바이킹은 노르웨이의 역사에서 매우 중요한 역할을 했다고 볼 수 있어요.

노르웨이는 농사를 짓기 힘든 산악 지대가 많고, 국토의 대부분이 바다에 접해 있어요. 자연히 노르웨이 사람들은 식량과 필요한 물건을 구하기 위해 바다를 개척하기 시작했지요. 이때가 바이킹이 크게 활약한 8~11세기의 일이에요.

8세기 말에 등장한 바이킹들은 활동 범위가 매우 넓은 무역상이었어요. 이라크에서 북아메리카 대륙에 이르기까지 종횡무진 활약했는데 콜럼버스보다 500년이나 먼저 북아메리카 대륙을 밟았다고 전해져요. 실제로 바이킹은 뛰어난 선박 제조 기술과 항해 기술로 이름을 날렸고, 당시 사람들은 노르웨이의 경제를 책임지던 해상 무역 상인들을 바이킹이라고 불렀답니다.

바이킹이 만든 배는 유선형으로 제작되어 기동성이 무척 뛰어났다고 해요. 또 먼바다뿐만 아니라 얕은 바다까지 깊숙이 들어올 수 있었지요. 오슬로에 있는 바이킹 박물관에 가 보면 그 옛날 바이킹이 만

든 진짜 배를 볼 수 있어요.

　이렇듯 기술도 뛰어나고 건전하게 장사하던 바이킹들이 왜 바다의 해적이라는 누명을 쓰게 되었을까요? 그건 일부 못된 바이킹들이 이웃 나라에 가서 나쁜 짓을 일삼으면서 바이킹에 대한 나쁜 인상을 남겼기 때문이에요. 바이킹의 후손들 입장에서는 매우 억울하고 섭섭할 거예요. 용맹하고 진취적인 바이킹의 기상을 몰라주니 말이에요.

　나쁜 누명을 쓰긴 했지만 바이킹은 노르웨이의 자랑스러운 조상이 틀림없어요. 그래서 매년 5월 17일 바이킹을 기념하는 축제가 헌법 제정 기념 축제와 더불어 노르웨이 전역에서 열리는 것이지요. 곳곳에서 열리는 축제 중에서도 수도인 오슬로에서 열리는 행사와 바이킹 전쟁을 재현하는 카르뫼위 섬의 볼거리가 가장 풍성해요.

카르뫼위는 노르웨이 남서부 해안에 있는 섬으로, 오래전 바이킹들의 본거지였다고 해요. 노르웨이라는 이름도 '북쪽으로 가는 길'이라는 뜻으로, 카르뫼위 섬 바로 옆에 있는 해협의 이름에서 유래한 것이랍니다.

카르뫼위에서는 바이킹들의 생활을 재현한 전쟁놀이나 다양한 체험 행사가 열리는데, 노르웨이의 어린이들은 반드시 한 번씩은 카르뫼

실제 같은 바이킹 전쟁놀이

바이킹 복장을 한 축제 참가자들

위 바이킹 체험 축제에 참가해요. 1박 2일 동안 카르뫼위 섬에서 지내면서 과거 바이킹들의 삶을 그대로 살아 보는 것이지요. 바이킹들이 먹었던 절인 고기, 말린 생선, 누룩을 넣지 않은 맛없는 밀가루 빵 등을 먹고, 대장간에서 무기도 만들어요.

그중에서도 최고의 재미는 역시 바이킹 복장을 한 채 무기와 방패를 들고 싸우는 바이킹 전쟁놀이예요. 이때만큼은 어른들도 어린이들처럼 칼과 방패를 들고 신나게 전쟁놀이를 해요. 어린이들은 끝이 뾰족하지 않은 둥근 창과 나무 방패를 들고 이리저리 휘두르며 바이킹 흉내를 내요. 창에 발이 걸려 넘어지는 친구도 있고, 방패가 무거워 떨어뜨리는 친구도 있어요. 바이킹의 후손이라고 하기에는 조금 허약하지요?

같은 날 노르웨이의 수도 오슬로에서는 노르웨이 전역에서 선발된 어린이 합창단과, 학교 이름이 적힌 배를 타고 온 어린이들이 오슬로 시내와 항구에서 동시에 퍼레이드를 펼쳐요.

이날은 노르웨이의 국왕과 왕비가 직접 나와 퍼레이드를 하는 어린이들에게 격려의 박수를 보내요. 퍼레이드에 참가하는 어린이들도 뜻깊은 축제에 학교 대표로 뽑혀 국왕 앞에서 노래하고 행진하는 것을 굉장한 영광으로 생각한답니다. 한 가지 덧붙이자면 노르웨이는 입헌군주국이에요. 영국처럼 국왕이 헌법에 따라 형식적, 의례적 권력만을 가지고 나라를 다스리는 왕국이지요.

노르웨이 사람들은 바이킹 축제를 통하여 바이킹의 후손이라는 민족적인 일체감을 느끼고, 바이킹의 개척 정신과 용맹성을 본받으려고 늘 노력하고 있어요.

우리나라에서도 광복절이나 제헌절 같은 중요한 국경일에 어른들만 기념식을 할 게 아니라 미래의 주인공인 어린이들도 직접 참여하여 그날의 의미를 가슴 깊이 새기고 한민족으로서 자부심을 배우는 계기가 되면 좋겠어요.

 뷔페가 바이킹에게서 유래됐다고?

" 결혼식이나 돌잔치에서 뷔페 상차림을 본 적이 있지요? 이 뷔페가 바이킹들에게서 유래됐다니 놀라워요. 당시 바이킹들은 늘 항해를 하느라 배 위에서 쭈그리고 앉아 식사를 했어요. 그러다 1년에 한 번씩 노르웨이로 돌아오면 그동안 먹고 싶었던 온갖 음식을 푸짐하게 담아 한꺼번에 죽 늘어놓고 먹곤 했답니다. 자기 입맛대로 각자 자기 그릇에 이것저것 골라 가며 계속 먹을 수 있도록 한 것이죠. 이것이 오늘날 전 세계에 퍼진 뷔페의 시작이랍니다. "

• 해협 | 육지 사이에 끼어 있는 좁고 긴 바다.

필리핀 디낙양 축제

필리핀은 아름다운 자연을 자랑하는 관광 국가로 유명하지만 1년 내내 축제가 끊이지 않는 축제의 나라이기도 해요. 7,107개의 섬으로 이루어진 필리핀은 도시마다, 섬마다, 마을마다 전통 축제들을 하나씩 가지고 있답니다.

필리핀의 3대 축제로는 아띠아띠한 축제와 시눌룩 축제, 그리고 디낙양 축제를 꼽고 있어요. 이 중에서 서부 비사야 지방에 있는 일로일로에서 개최되는 디낙양 축제는 필리핀에서도 재미있고 특이하기로 소문난 민속 축제로 알려져 있어요.

디낙양 축제는 매년 1월 마지막 주말 이틀 동안 열려요. 축제날이 되면 아침 일찍부터 거리는 퍼레이드 준비로 시끌시끌해요. 퍼레이드에 참가하는 사람들은 온몸에 검은 칠을 하고 원주민이 입은

아띠 복장을 한 용감한 전사

'아띠'라는 독특한 전투복을 입어요. '아띠'는 자연에서 채취한 큰 활엽수를 엮고 꼬아서 만들어요.

퍼레이드에 참가하는 아띠 전사들은 힘찬 구령을 외치며 거리를 돌아다녀요. 전통 타악기 소리에 맞춘 전사들의 묵직한 구령 소리에 '쿵! 쿵! 쿵!' 발을 구르는 소리까지 더해지면 관객들은 축제의 분위기에 흠뻑 취해 박수를 치며 크게 호응을 해요.

축제에 참가한 현지 사람들을 보면 흑인도 있고, 백인도 있고, 남아메리카에서 온 듯한 사람도 있어요. 아랍인도 보이고요. 매우 다양하지요?

필리핀은 본래 평화로운 섬나라였지만 사방이 바다로 둘러싸여 있기 때문에 오래전부터 스페인, 미국 등 서구 열강들의 침략과 지배를 받아 왔어요. 오랫동안 서구의 강한 나라들이 돌아가면서 필리핀을 지배하다 보니 다양한 혈통이 섞이고, 문화도 동양과 서양이 복잡하게 혼합되었지요. 그래서 필리핀 사람들의 외모도 흑인, 백인, 황인, 아랍 계열까지 다양하게 섞여 있답니다.

우리나라도 요즘은 다른 나라와 교류가 많다 보니 엄마와 아빠가 서로 다른 나라 사람인 친구들이 크게 늘었어요. 글로벌 시대에 맞게 단일 민족이던 우리나라도 차츰 다문화, 다민족 사회가 되어 가는 것이지요. 이런 역사적 배경 때문에 필리핀 디낙양 축제에서 다양한 피부 색깔을 가진 소수 민족들이 한데 어울리고 화합하는 것이랍니다.

'디낙양'이라는 축제 이름은 원주민 종족인 힐리게이논 족 말인데, '즐겁게 만든다'는 뜻을 가지고 있어요. 축제의 시작은 과거 식민지 시절에 데이투스라는 종족과 원주민 사이에 맺은 협정을 축하하기 위한 잔치에서 시작되었어요. 전투복을 입고 퍼레이드에 참가하는 것은 필리핀의 다양한 문화와 소수 민족들의 강력한 힘을 표시하기 위해서라고 해요.

축제 퍼레이드는 일로일로에 사는 중학생과 고등학생들이 중심이 되어 준비해요. 오전 9시에 시작한 퍼레이드가 점심시간이 다 되어서 끝날 만큼 규모가 엄청나지요. 그래서 크리스마스가 끝난 직후부터 일로일로의 청소년들은 축제 준비로 눈코 뜰 새 없이 바빠진답니다.

필리핀 3대 축제

" 필리핀에서는 1년 내내 다양한 축제가 끊임없이 열리지만 그중에서도 3대 대표 축제는 모두 1월에 열려요.

아띠아띠한 축제 : 보르네오 족장과 토착민 아띠 왕 마리쿠도 사이의 토지 거래를 기념하는 행사에서 유래한 축제로, 칼리보에서 1월 초순경에 열려요.

시눌룩 축제 : 아기 예수상인 산토니뇨의 탄생과 가톨릭의 시작을 기념하는 거리 퍼레이드 축제로, 세부에서 1월 중순에 열려요.

디낙양 축제 : 데이투스와 원주민 사이에 맺어진 협정을 축하하기 위한 잔치에서 유래한 축제로, 필리핀 원주민의 전투복을 입고 퍼레이드를 펼쳐요. 축제는 일로일로에서 1월 마지막 주말에 열려요. "

러시아 마슬레니차 축제

매년 2월이면 러시아 전역에서 화려한 봄 축제가 열려요. 러시아 어로는 마슬레니차 축제라고 하지요. '팬케이크 주간'이라고도 해요. 왜냐하면 봄을 맞아 팬케이크를 먹으며 다양한 놀이를 하는 전통 축제거든요.

지푸라기로 만든 대형 인형

블린을 들고 있는 키다리 인형

기상천외한 세계의 축제 141

　마슬레니차는 고대 슬라브인들이 추운 겨울을 보내고 따뜻한 봄을 맞으며 지낸 명절이었어요. 그러다 러시아가 그리스 정교회를 받아들이는 과정에서 민간 신앙 중 대표적 명절인 '마슬레니차'를 수용하여 축제로 만든 것이에요. 원래는 3월경에 지냈는데, 날짜를 앞당기고 기간도 일주일로 줄여서 열게 되었지요.

　마슬레니차 축제는 러시아의 대표 축제로 알려져 있지만 같은 슬라브 민족인 우크라이나, 벨라루스에서도 비슷한 봄맞이 축제를 즐기고 있어요. 축제가 열리는 2월 중순은 사순절 직전 마지막 주에 해당해요. 기독교에서는 사순절이 오면 금식을 해야 하기 때문에 그 전에 실컷 먹고 즐기는 편이에요. 그래서 마슬레니차 축제도 사순절 전에 열리는 거예요.

러시아 사람들은 사순절이 오기 전에 고기나 우유, 계란 등으로 영양 보충을 충분히 하고 축제를 마음껏 즐겨요. 팬케이크 블린과 유제품을 특히 즐겨 먹는데, 마슬레니차라는 이름도 이 음식 이름에서 따왔다고 해요. 버터를 의미하는 '마슬로'를 러시아식 얇은 팬케이크를 의미하는 '블린'에 발라 먹는 데서 '마슬레니차'라는 이름이 만들어진 것이지요.

러시아에서 2월 중순은 여전히 추운 겨울이에요. 하지만 이 기간에 배불리 먹지 않으면 1년 내내 가난하고 불행하게 된다고 여기기 때문에 마슬레니차 축제에서는 맛있는 팬케이크 블린을 실컷 먹어요. 또 눈밭에서 씨름을 하거나 눈싸움, 눈썰매 같은 겨울 놀이를 하며 즐기지요. 친구들끼리 새해 선물을 교환하거나 눈밭 위에서 거위 싸움을 하는 지역도 있어요.

러시아 사람들은 축제 기간에 지푸라기로 허수아비 인형을 만들고, 그동안의 근심이나 걱정거리를 종이에 적어서 허수아비의 호주머니에 넣지요. 그런 뒤 다 함께 모여서 인형을 불태우거나 버리는 의식을 통해서 근심을 훨훨 날려 보내고 희망찬 새해를 기원한답니다.

러시아 사람들은 고대부터 짚으로

기상천외한 세계의 축제 143

만든 허수아비를 태우며 겨울을 보내는 의식을 치르곤 했는데, 그리스 정교회가 들어온 뒤에도 허수아비는 축제에 어김없이 등장했어요. 겨울을 상징하는 허수아비의 주머니에 불행과 슬픔, 근심이 적힌 종이쪽지를 넣고 함께 태우는 것은 한 해의 재앙이 불꽃과 함께 사라진다고 믿기 때문이랍니다.

러시아 마슬레니차 축제의 최대 볼거리는 뭐니 뭐니 해도 눈밭에서 벌어지는 남자들의 주먹싸움이에요. 축제의 첫날은 남성들의 왕성한 혈기로 잠든 봄을 깨운다는 의미가 있기 때문에 젊은 남자들이 모여 눈밭에서 엎어지고 넘어지면서 권투 선수처럼 주먹싸움을 해요.

가끔은 주먹을 피하지 못한 젊은이들이 코피를 흘리기도 하지만 대부분 맞으면서도 배꼽이 빠져라 웃고 즐거워하지요. 기나긴 겨울 동안 꼼짝도 못하고 집에만 갇혀 있다가 오랜만에 실컷 몸을 풀며 놀 수 있는 기회이기 때문이에요.

여자들을 위한 놀이도 있어요. 모스크바 크렘린 궁 앞에 있는 바실리에프스키라는 언덕에서, 외나무다리에 마주 보고 걸터앉아 헝겊으로 만든 주머니를 이용해 상대를 세게 쳐서 떨어뜨리는 놀이예요. 러시아 여자들은 덩치도 크고, 힘도 무척 세기 때문에 허약한 남자들은 한 대 맞고 멀리 날아갈지도 몰라요.

 러시아의 전통 인형 마트료시카

"마트료시카는 나무를 깎아 만든 러시아의 전통 인형이에요. 러시아에는 어여쁜 여자를 '마트료나'라고 부르는데 여기서 따온 이름이지요. 마트료시카 인형이 유명한 건 인형 속에서 인형이 나오고, 그 안에서  더 작은 인형이 끊임없이 나오는 게 신기해서예요. 마트료시카 인형은 주로 민속 의상을 입은 여자 인형인데, 러시아의 역대 대통령이나 유명인들을 모델로 한 마트료시카도 있답니다."

세계 베개 싸움 축제

세상에서 가장 안전하고 재미있는 전쟁을 알고 있나요? 바로 세계 베개 싸움이지요. 오리털이 가득 담긴 포근한 베개를 하나씩 들고 거리로 나가 총성과 함께 일제히 베개 싸움을 펼치는 거예요.

폭신한 베개를 무기로 전쟁을 치르니까 다른 사람들이 다칠 염려도 없어요. 하지만 스트레스는 확실히 풀리지요. 베개를 맞고 휘청거리는 사람들을 보면서 웃음도 크게 터뜨려요. 크게 웃으면서 스트레스도 날리는 것이지요.

베개 싸움 축제는 어느 한 나라에서만 고정적으로 열리는 축제가 아니에요. 세계 곳곳에서 게릴라식으로 열리는 좀비 축제처럼 베개 싸움 축제도 이곳저곳 옮겨 다니면서 열려요.

마구잡이로 베개 싸움을 하는 것 같지만 규칙도 있어요. 첫째, 안경 쓴 사람은 때리지 말아야 해요. 둘째, 카메라를 든 사람은 때리지 말아야 해요. 셋째, 베개가 없는 사람은 때리지 않아요.

규칙에 따라 신나게 베개 싸움을 즐기고, 축제를 통해 모은 돈은 도움이 필요한 이웃에게 전달해요. 후원을 하는 사람들도 많아요. 베개 싸움 축제에 후

원을 하는 동시에 회사를 홍보할 수도 있으니까요.

베개 싸움 축제의 또 다른 재미는 다양한 잠옷 패션이에요. 베개 싸움에 참가하려는 사람들은 독특한 모양의 베개와 우스꽝스런 잠옷을 준비하곤 하는데, 개성 넘치는 잠옷 패션을 보는 것도 큰 즐거움이랍니다.

아예 잠옷 어깻죽지에 커다란 베개를 바늘로 꿰매서 붙이고 나온 사람도 있어요. 앞에서 보면 마치 침대에 누워 있는 사람처럼 보이지요. 또 축제 시작 전부터 일찍 축제장에 나와 길바닥에 누워 베개를 베

누나와 동생의 신나는 베개 싸움

고 아예 잠을 청하는 사람도 있어요. 물론 축제가 시작되면 곧바로 일어나 베개 싸움을 시작하겠지요? 지역에 따라 평상복 차림으로 베개 싸움을 하는 곳도 있긴 해요.

공식적으로 베개 싸움 축제를 시작하는 시간은 오후 3시예요. 매년 정해진 날짜에 베개 싸움 축제가 예정된 장소로 가면 오후 3시부터 동시에 베개 싸움 축제가 시작된답니다. 베개 싸움 축제는 한 곳에서 열리지 않고 전 세계의 여러 장소에서 동시에 열려요.

참, 주의해야 할 점은 아무리 베개가 폭신하다고 해도 딱딱한 물건이 들어 있거나 친구들이 다칠 수 있는 소재로 만든 베개는 피해야 한다는 거예요.

전 세계에서 동시에 벌어지는 베개 싸움이라고?

" 베개 싸움은 오랜 옛날부터 있었지만 전 세계에서 동시에 베개 싸움 축제를 즐기기 시작한 것은 오래되지 않았어요. 공식적으로는 2008년부터 시작됐는데, 워낙 인기가 많은 축제라서 2011년에는 전 세계 39개국 115개 도시에서 4월 7일 오후 3시에 일제히 열렸어요. 물론 매년 날짜는 조금씩 바뀌니까 미리 꼭 확인해야 해요. "

포복절도 엽기 축제

말레이시아 타이푸삼 축제

말레이시아의 타이푸삼 축제는 말로만 들어서는 도저히 믿을 수 없는 이색 축제예요. 아니, 이쯤 되면 세상에서 가장 기이한 축제라고 할 수 있어요.

매년 1월 말경 말레이시아의 수도 쿠알라룸푸르에서 열리는 타이푸삼 축제는 세계에서 손꼽히는 종교 축제예요. 특히 1,000여 명에 이르는 신자들이 몸에 굵은 낚싯바늘이나 쇠로 만든 고리, 핀을 찌른 채 행진하는 특이한 의식을 치러 더 유명하답니다.

신기한 것은 큰 쇠바늘을 몸에 수십 개씩 꽂고 행진을 하는데도 누구 하나 피를 흘리는 사람이 없다는 거예요. 믿기 어렵지만 정말 그들의 신이 보호라도 해 주는 걸까요?

타이푸삼은 신성한 달을 의미하는 '타이'와 보름달이 뜨기 시작하는 시기를 뜻하는 '푸삼'이란 단어가 합쳐진 이름이에요. 타이푸삼 축제는 오래전 말레이시아로 옮겨 온 힌두교도들이 신의 뜻을 받들기 위해 만든 힌두교의 종교 축제랍니다.

말레이시아는 필리핀처럼 여러 민족이 함께 사는 대표적인 다민족 국가예요. 그러다 보니 국교는 힌두교가 아니지만 말레이시아에 사는 많은 힌두교 신자들을 위해 타이푸삼 축제가 전국적으로 열리고 있지요.

타이푸삼 축제는 3일에 걸쳐 열리는데, 사람들이 몸에 낚싯바늘을 꽂는 의식은 셋째 날에 있어요. 물론 이날은 이 해괴한 종교 의식을 보기 위해 전 세계에서 많은 관광객들이 모여들기 때문에 축제가 열리는 곳은 발 디딜 틈이 없을 정도예요.

첫째 날은 힌두 사원과 신상을 꽃과 과일로 풍성하게 꾸며요. 신에게 제사를 드리기 위해서죠. 둘째 날이 되면 힌두교 신자들이 꽃과 색종이, 과일 등으로 장식한 마차를 끌고 힌두 사원까지 행렬을 이루어 이동해요. 마차의 뒤로 수많은 힌두교도들이 매우 경건하고 진지한 표정으로 따라가지요.

특히 말레이시아의 수도인 쿠알라룸푸르에서는 행렬의 규모가 엄청나요. 마차의 크기도 다른 곳보다 훨씬 커서 사람들은 쿠알라룸푸르의 타이푸삼을 최고로 여기지요.

힌두 사원은 쿠알라룸푸르 외곽에 있는 바투

동굴에 있기 때문에 15킬로미터나 되는 거리를 이동해야 해요. 하지만 힌두교도들은 거대한 바위산 중턱에 있는 바투 동굴을 숭고한 성지로 여기기 때문에 먼 거리를 이동하면서도 힘든 기색이 없어요. 천연 종유석으로 이루어진 바투 동굴은 길이가 총 400미터이고, 폭이 80미터, 높이는 112미터나 돼요. 동굴까지 올라가려면 전쟁과 승

리의 신으로 알려진 무르간 신상 곁을 지나야 해요. 높이가 무려 42.7미터에 이르는, 세계에서 가장 큰 초대형 무르간 신상이지요.

신상을 지나면 272개의 계단을 걸어 올라가야 해요. 계단은 전생, 현재, 미래로 나뉘어져 있어요. 힌두교도들은 이 계단을 오르면서 사람이 태어나서 행할

온몸에 낚싯바늘과 고리, 핀을 찌른 힌두교 신자

수 있는 272가지 죄악을 하나씩 고해하며 걷는다고 해요.

힌두교도가 아닌 관광객들도 묵묵히 계단을 걸어 올라가요. 바투 동굴 안에 들어가면 천장의 숭숭 뚫린 구멍 사이로 햇살이 들어오는 모습이 장관이거든요.

축제의 마지막 날인 셋째 날이 되면 놀라운 고행 의식을 치른답니다. 무려 1,000여 명에 이르는 힌두교도들이 쇠꼬챙이를 혀나 뺨에 관통을 시키거나 등이나 가슴에 굵은 쇠바늘을 끼우고 퍼레이드를 해요. 그것만 해도 경악할 정도인데, 쇠바늘 끝에는 꽃이나 색종이, 작은 과일 등을 주렁주렁 달아요. 보기만 해도 비명이 나올 정도예요. 게다가 온몸을 울긋불긋한 물감으로 칠해서 더 섬뜩해 보이기도 해요. 겁이 많은 사람들은 제대로 쳐다보지도 못하고 고개를 돌리곤 한답니다.

이렇게 쇠바늘과 낚싯바늘을 수십 개나 몸에 꽂는데도 피 한 방울 나지 않는 건 무엇 때문일까요? 각국의 의사나 과학자들이 직접 타이푸삼 축제를 찾아가 비밀을 풀어 보려 했지만 아직까지도 그 비밀은 풀지 못했대요. 타이푸삼 축제에 참가하는 힌두교도들도 그 비밀을 가르쳐 주지는 않고, 한목소리로 신이 보살펴 줘서 피를 흘리지 않는다고 말해요.

 정말로 신이 보호해서 몸에 쇠바늘을 꽂아도 피가 나지 않는 걸까요? 나중에 축제에 가면 여러분이 직접 그 비밀을 꼭 풀어 보세요.

어린이를 위한 코코넛 깨기

" 타이푸삼 축제가 열리는 3일 동안 힌두교도가 아닌 관광객이나 어린이들은 야자열매인 코코넛을 땅에 세게 내던지며 행복을 기원해요. 코코넛은 사람의 머리를 의미해요. 사람의 머리를 내던지라니, 이것도 괴상한 의식이지요? 하지만 코코넛은 자기 자신을 의미해요. 자아를 깨뜨리고 내면에 있는 참된 자신을 발견하라는 의미이지요. 시원한 과즙도 마시고 코코넛을 던지며 그 기회에 나는 어떤 사람인지 생각해 보는 것도 좋겠죠? "

- 힌두교 | 인도의 토착 신앙과 브라만교가 합쳐져 만들어진 종교.
종유석 | 석회 동굴의 천장에 고드름처럼 달리는 석회석.

미국 로스웰 외계인 축제

미국의 어느 시골 마을에서는 매년 여름 신기한 외계인 축제가 열려요. 우리는 태어나서 한 번도 외계인을 본 적이 없는데 미국에서는 해마다 외계인 축제까지 열린다니 굉장히 놀라운 일이죠?

우리나라에서도 가끔 UFO를 봤다는 사람들이 뉴스에 나와요. 하지만 외계인이 지구까지 찾아올 줄은 상상도 못했어요. 어떤 외계인들이 찾아오는지 궁금하다면 직접 축제의 현장으로 가 봐야 해요.

이 축제는 미국 중남부의 뉴멕시코 주에 있는 로스웰이라는 작은 마을에서 열려요. 로스웰은 워낙 작은 시골 마을이라 사람도 몇 명 살지 않을 뿐 아니라, 집 밖으로 조금만 걸어 나가면 사방이 사막으로 둘러싸인 진짜 시골이랍니다. 외계인이 특별히 이런 작은 시골 마을을 좋아하는 걸까요?

외계인 축제는 매년 7월에 열리는데 이 축제를 보겠다며 찾아오는 관광객들이 매년 꾸준히 늘고 있어요. 그래서 요즘은 로스웰이라는 이름보다 '외계인 마을'로 더 알려져 있지요. 미국의 평범한 시골 마을 로스웰이 외계인 마을로 유명해진 이유는 무엇일까요?

1947년 7월 7일 점심시간이 다 됐을 때의 일이에요. 로스웰 마을의 외곽에 올드 조라는 목장이 있었는데 갑자기 이 목장 주변에 어떤 이상한 물체가 추락한 사건이 일어났어요. 말 그대로 '미확인 비행

외계인 분장을 한 사람들

물체(UFO)'가 떨어진 거죠. 믿을 수 없겠지만 실제로 당시 신문 기사를 확인해 보면 '로스웰 UFO 사건'에 대한 기사가 크게 났어요.

사건 직후 로스웰 근처에 있던 공군 부대는 무슨 일이 일어났는지 조사를 했어요. 공군은 "UFO처럼 보이는 물체가 하늘에서 갑자기 추락했고, 원반 모양의 잔해들이 발견됐다."라고 대대적으로 발표했지요. 뉴스를 들은 사람들은 외계인이 탄 우주선이 지구에 추락했다며 두려움에 떨었어요.

정말 이상한 건 그다음부터예요. 그날 저녁이 되자 미국 공군은 "전문가들이 조사한 결과 UFO가 아니라 그냥 기상 관측용 기구였다"라며 낮에 발표했

158 놀면서 배우는 세계 축제

던 내용을 완전히 뒤집었답니다.

사람들은 몹시 혼란스러워했어요. 로스웰 마을 사람들이나 UFO 잔해를 운반했던 몇몇 군인들 사이에서 외계인과 UFO를 봤다는 증언이 속속 나오기 시작했거든요. 당황한 미국 정부는 갑자기 이 사건과 관련된 이야기나 외계인 이야기를 '일급 비밀'이라며 일체 공개하지 않았어요. 하지만 사람들은 더 의문을 갖게 되고, 미국 정부가 뭔가를 감추고 있다고 믿었어요. 일부 사람들은 외계인이 로스웰 마을에 왔다고 굳게 믿었지요.

이때부터 외계인을 봤다는 사람과 외계인은 없다고 주장하는 사람들이 끊임없는 논쟁을 시작했어요. 지금도 이를 확인하기 위해 많은 사람들이 외계인 마을

개성 만점의 외계인 총출동

로 알려진 로스웰에 모여들고 있어요. 정말 외계인이 지구에 오기는 한 것일까요?

추락 사고가 있은 뒤부터 로스웰 마을 사람들은 외계인들이 근처 사막에 숨어 있다가 언젠가 자신들 앞에 나타날 거라고 믿게 되었어요.

그래서 로스웰 마을 사람들은 외계인을 맞을 준비를 하고 있어요. 외계인 축제를 열고, UFO 박물관, UFO 이륙 기지도 만들었어요. 로스웰 마을 자체가 외계인 마을로 변한 것이지요. 물론 외계인들은 아직까지 모습을 드러내지 않았지만요.

외계인 축제에 가면 외계인과 UFO를 캐릭터로 만든 각종 기념품을 팔아요. 외계인 가면을 쓴 관광객들도 깔깔대며 거리를 돌아다니지요. 물론 외계인을 소재로 한 영화 『ET』의 음악과 모형들도 빠질 수 없지요.

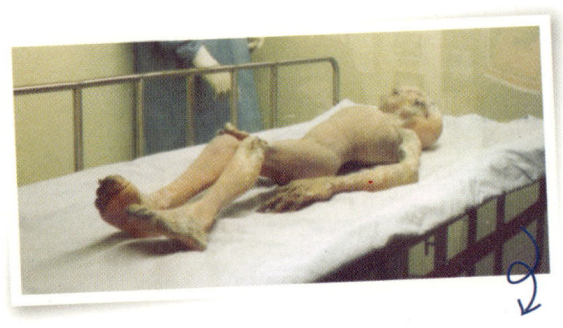
외계인 박물관에 전시된 외계인 모형

이뿐 아니에요. UFO에 관련된 강연이나 세미나 들이 진지하게 열리고, 외계인 변장 대회, 외계인 잡기 놀이 등 시끌벅적한 행사들도 많답니다.
　외계인 축제는 이렇게 60여 년이 지난 지금까지도 이 작은 마을의 대표적인 축제로 매년 펼쳐지고 있어요. 덕분에 외계인 축제가 열리는 7월이 아니더라도 1년 내내 외계인 마을을 구경하겠다며 몰려오는 관광객들이 넘쳐나고 있어요.

UFO 박물관에 외계인도 있을까?

" 로스웰 마을에 가면 외계인과 UFO 관련 사진과 자료들이 전시된 박물관이 있어요. 외계인을 주제로 세운 박물관 덕분에 지금은 더 많은 사람들이 UFO에 관심을 갖게 되었답니다. 박물관 옆에는 외계인들이 언제든지 로스웰로 찾아올 수 있도록 UFO 이착륙 기지도 마련해 두었어요. 실제로 보면 약간 허술하지만 정말 쓸모가 있을지는 외계인이 탄 우주선이 와 봐야 알겠죠. "

• UFO(Unidentified Flying Object) | 유에프오. 미확인 비행 물체. 어떤 것인지 확인되지 않은 비행 물체라는 뜻인데, 외계인이 타고 오는 우주선을 의미하는 약자로 쓰인다.

기상천외한 세계의 축제 161

영국 터프가이 축제

　영국 터프가이 축제는 세상에서 가장 멋진 터프가이를 뽑는 축제랍니다. 이 축제는 해가 갈수록 인기가 높아져 요즘은 참가하는 선수만 6,000명에 이른다고 해요. 하지만 최고의 터프가이가 되는 게 만만치는 않아요. 축제에 참가한 터프가이들은 힘난하고 위험천만한 코스들을 모두 통과해야 한답니다.

　터프가이 축제는 영국 중부에 있는 울프햄턴 근교의 퍼튼이라는 작은 마을의 농장에서 열려요. 매년 여름과 겨울 두 번 열리는데, 아무래도 얼음이 꽁꽁 언 한겨울에 해야 더 짜릿한지 여름보다는 겨울에 열리는 터프가이 축제가 인기가 높답니다.

　터프가이 축제는 1987년에 시작된 축제예요. 축제가 처음 생긴 이유로는 여러 가지 이야기가 있어요. 퍼튼 마을의 농장주였던 마우스라는 사람이 너무나 가난한 나머지 돈을 마련하기 위해 처음 대회를 만들었다는 이야기가 있는가 하면, 남자다움을 잃어 가는 요즘 남자들의 기를 살리기 위해 한 전직 군인이 처음 만들었다는 이야기도 있어요.

　사실이 무엇이든 간에 터프가이 축제가 이렇게 세계적으로 화제가 된 것을 보면 확실히 목적 달성은 한 것 같아요.

　터프가이 축제의 코스에는 목숨을 걸어야 할 만큼 아슬아슬하고 힘든 장애물들이 있어요. 특히 겨울 터프가이 축제는 매년 2월 초에 열리는데, 이때는 기온이 무려 영하 10~15도까지 내려가서 추위까지 겹치니 더 힘들지요.

터프가이들이 어떤 장애물들을 통과해야 하냐고요? 텔레비전이나 영화에서 특수대원들이 포복을 하거나 그물 사다리나 밧줄 등을 타며 훈련하는 모습을 본 적이 있을 거예요. 터프가이니까 그 정도 장애물은 훌쩍훌쩍 넘어야겠죠?

출발을 알리는 대포 소리가 울리면 참가자들은 괴성을 지르며 장

↘ 특수부대 훈련만큼 강도 높은 터프가이 축제

애물을 향해 앞으로 달려 나가요. 공식적으로 총 9.6킬로미터에 달하는 언덕과 들녘에 온갖 험난한 장애물들이 26가지나 설치되어 있어요. 어떻게 보면 크로스컨트리와 장애물 경기를 합쳐 놓은 혼합 경기 같기도 한데, 실제로는 그보다 훨씬 강도 높은 훈련이라고 할 수 있지요. 실제로 터프가이 축제에 참가했던 많은 사람이 이 축제의

장애물들 앞에서 혀를 내두를 정도예요. 용감하고 박력 넘치기로는 둘째가라면 서러워하는 사람들인데도 말이에요.

가장 악명 높은 장애물 코스는 '베트콩 터널'이에요. 언덕을 넘기 위해서는 긴 파이프 10개 중 하나를 골라 통과해야 하는데 그중 하나는 복불복처럼 끝이 막혀 있어요. 몸을 돌릴 수도 없기 때문에 후진해서 나와야 하는데, 다른 참가자들이 꽁무니를 따라 머리를 들이대고 따라 들어와 그야말로 아비규환이 되고 만답니다.

'수중 터널'도 악명이 높아요. 참가자들은 흙탕물 속에 설치된 터널을 통과해야 해요. 터널 중간에 호흡이 짧은 사람을 위해 머리를 내밀 수 있는 '숨구멍'이 두 군데 있긴 하지만 참가자들이 뒤엉켜 숨구멍

을 찾기도 쉽지 않아요. 호흡을 참지 못하고 흙탕물을 들이마신 참가자들은 터널을 다 빠져나와 시커먼 흙탕물을 폭포수처럼 토해 내지요. 저체온증에 걸릴 수도 있어요. 영하의 기온에서 젖은 옷을 입고 경기를 하기 때문이지요.

악명 높은 이런 장애물들 때문에 터프가이 축제에 참가하려면 다치거나 죽어도 개최자에게 책임을 묻지 않겠다는 서약서에 서명을 해야 해요. 참가 신청부터 비장하지요? 실제로 1997년 대회에서는 일곱 명이 다리가 부러지는 사고를 당했고, 2001년에는 무려 700여 명이 저체온증에 걸렸어요. 하지만 참가자들은 오히려 이런 부상을 축제의 '훈장'쯤으로 여긴다고 해요.

또 한 가지, 터프가이 축제에 참가하려면 자선 기금을 포함하여 200파운드나 되는 참가비를 내야 해요. 우리나라 돈으로는 40만 원 정도예요. 이렇게 참가비가 비싼데도 사람들이 잔뜩 몰리는 통에 몇 해 전 참가비가 2배로 오르기도 했답니다. 우승

악명 높은 수중 터널 코스

상금은 없어요. 참가자들이 원하는 건 상금이 아니라 완주한 사람만이 누리는 터프가이의 명예거든요.

더 놀라운 사실은 터프가이 축제의 코스를 아무리 힘들고 어렵게 만들어도 참가자들이 늘고 있다는 점이에요. 전 세계의 터프가이들이 모두 모이니 어련하겠어요?

경기 시간은 사람에 따라 다르지만 대략 5시간 정도 걸려요. 경기가 끝나면 참가자들은 온몸이 진흙 범벅이에요. 하지만 경기를 완주한 참가자들은 가슴 뿌듯한 자부심을 갖게 된답니다.

터프가이가 되려면 옷도 멋지게 입어야 해!

" 터프가이 축제에서는 매년 다양한 주제를 정해서 참가자들이 더욱 재미있게 축제를 즐길 수 있도록 하고 있어요. 동물을 주제로 정하거나 아프리카의 특정한 나라를 주제로 정하기도 하지요. 그러면 터프가이들은 주제에 맞추어 제각각 개성 넘치는 얼굴 분장과 운동복을 입어요. 고릴라 옷을 입은 터프가이도 있고, 여성 속옷을 입은 터프가이도 있어요. 이처럼 익살스러운 터프가이들의 분장과 운동복 덕분에 축제를 보는 재미가 더 크답니다. "

• 크로스컨트리 | 근대 5종 경기의 하나. 육상 트랙이 아닌 언덕, 목초지, 도로 등 다양한 코스를 달리는 장거리 경주.

사진 출처

뱅슈 축제(60쪽, 62쪽 오른쪽) ⓒ Jean-Pol GRANDMONT(CC-BY-SA)
뱅슈 축제(62쪽 왼쪽) ⓒ Marie-Claire(CC-BY)
하얼빈 빙등제(73쪽, 75쪽, 76쪽) ⓒ 중국 관광청
송끄란 축제(84쪽, 85쪽, 86쪽) ⓒ 태국 관광청
퀘벡 겨울 축제(106쪽) ⓒ Shapiros10(CC-BY-SA)
퀘벡 겨울 축제(110쪽) ⓒ Jeangagnon(CC-BY-SA)
푸쉬카르 낙타 축제(115쪽, 118쪽 위) ⓒ Pushkar Fair(CC-BY-SA)
푸쉬카르 낙타 축제(118쪽 아래) ⓒ Irene Stylianou(CC-BY-SA)
코끼리 달리기 축제(122쪽) ⓒ ntt(CC-BY-SA)
고양이 축제(127쪽, 128쪽, 129쪽) ⓒ Zeisterre(CC-BY-SA)
디낙양 축제(137쪽) ⓒ Icqgirl(CC-BY)
마슬레니차 축제(141쪽 아래) ⓒ Sweta2010(CC-BY)
베개 싸움 축제(148쪽) ⓒ Donato Accogli(CC-BY)
타이푸삼 축제(154쪽) ⓒ William Cho(CC-BY-SA)
타이푸삼 축제(155쪽) ⓒ Tahir mq(CC-BY-SA)
로스웰 외계인 축제(159쪽 위) ⓒ InSapphoWeTrust(CC-BY-SA)
터프가이 축제(163쪽, 166쪽) ⓒ A-punkt(CC-BY-SA)